Don't lose on the don't understand

别输在不懂说话上

阳之行 编著

中国商业出版社

图书在版编目（CIP）数据

别输在不懂说话上／阳之行编著. —北京：中国商业出版社，2016.9

ISBN 978-7-5044-9584-6

Ⅰ.①别… Ⅱ.①阳… Ⅲ.①语言艺术—通俗读物 Ⅳ.①H019-49

中国版本图书馆 CIP 数据核字（2016）第 225216 号

责任编辑：武文胜

中国商业出版社出版发行

010-63180647　www.c-cbook.com

（100053　北京广安门内报国寺 1 号）

新华书店总店北京发行所经销

北京毅峰迅捷印刷有限公司

★　★　★　★　★

710×1000 毫米　1/16　15 印张　175 千字

2017 年 1 月第 1 版　2017 年 7 月第 2 次印刷

定价：38.00 元

★　★　★　★

（如有印刷质量问题可更换）

前言

说话是我们与人沟通、交流的重要方式之一，是我们表达内心世界的最佳途径。一个会说话的人，同样的意思从他的口中说出来，听者会心悦诚服；反之，不会说话的人，说出来的话，会令听者别扭或不快。所以，与人交往，尤其在社交场上，千万别输在不会说话上。

在生活中，只要我们稍加观察，不会说话者比比皆是。他们或口若悬河，或高谈阔论，或能说会道，然而却不能说到点子上，对于听者而言不过是一堆垃圾话罢了。更有甚者，丝毫不顾及场合、不顾及面子，张口即来、口不择言，结果伤害到他人还不自知。其实，信口开河、口无遮拦的下场只能有一个结果，那就是朋友可能疏远你，生意可能谈不成，友谊的小船也会因此说翻就翻。

所以，说话很重要，它是我们启开成功之门的一把金钥匙。古往今来，但凡成功人士没有一个不懂得说话的，该赞扬时他们不惜溢美之词，该批评时他们绵里藏针，该说服时他们一语中的，该决定时他们口气坚决，见到不同的人时他们会说出不同的话语……诸葛亮能够“舌战群儒”，最终说服东吴抗击曹军，靠的就是卓绝的口才。而在现代人际交往中，我们说话的对象在变、场合在变、时间在变，因此，说话的技巧与方式也必须做出改变。不懂变通的平庸者，往往会把自己置于不利之地，达不到交际目的；而与时俱进的变通者，说出的话巧妙而精彩，能把话说到对方心窝里从而达成所愿。我们要想让自己说的话像金子一样闪光、吸引人，就要做到在该说话时，能够“一语百步音，一言力万钧”，做到每一句都精妙有用；不该说话时，要保持沉默，善于倾听。

西方有位哲人曾说：“世间有一种成就可以使人很快完成伟业，并获得世人的认识，那就是令人喜悦的讲话能力。”难道不是吗？有多少怀才不遇的人才，不就是因为沟通能力差，社交圈子小，人脉不足，人际关系紧张而最终一事无成的吗？没有了“口才”，“人才”也就大打折扣了。口才是现代社会高质量智能型人才的基本素质，也是事业成功的基石。

俗话说，好的开始是成功的一半，懂得说话艺术则是成功的基石。特别是在你推销自己的思想和观点的时候，能不能从一开始就抓住对方，从一开始就吸引住对方，对你“说”的成败具有直接的影响。当然，会说话一定要搞清楚一个基本的概念，不是教你见风使舵、要奸耍滑，而是让你掌握好说话的技能，让你在与人交谈的过程中，做到有的放矢，说该说的话。

本书从说话的基本功、双方的互动、如何说服、说话的技巧、说话的禁忌等九个方面，阐述如何把话说活、说巧、说妙。每一小节都做到案例与理论相结合，可以使读者在阅读过程中有身临其境的感受，针对一些特殊情况，我们还介绍了一些相关的语言技巧，为读者提供一套高品质、可行性的方案。相信读者阅读本书后，说话的能力与水平将会得到空前的提高，使读者从羞于开口到敢说，从敢说再到把话说得既精彩又巧妙。与此同时，我们提醒读者，无论处在哪一个年龄段，我们都输不起，更不要输在不懂说话上！

目录

091 第四章

高超的交谈，离不开说话的技巧

第一章

会说话，先练好基本功

一个人要想把话说得恰到好处，与基本功有着十分密切的关系。如果不掌握好说话的基本功，说出来的效果就不好，听者不会完全理解你所说的话，你的表达自然也就前功尽弃。所以，要想把话说好，准确地表达出内心的想法，就必须掌握说话的基本功，只有这样，才能在与人交谈的过程中，做到清晰明了，准确无误。

语言越通俗易懂，表达的效果就越好

为什么朴实的语言更容易打动人，主要原因是它真实、不做作，语言的魅力即是如此。我们在与人交谈的过程中，平实通俗的语言最有效，用词越华丽，越让人难以接受。因为大多数人不喜欢华丽的辞藻，更愿意接受实事求是、朴实无华的语言。

老子说："信言不美，美言不信。"意思是经常说华而不实的语言，动辄运用形容词、描绘性词语，大量地堆砌辞藻，过度地夸饰，轻者会让人有卖弄、浮夸的感觉，重者则会让人感觉虚伪、不真诚。人与人的交往是建立在真诚的基础上，如果你让人觉得自己缺少真诚，那么你所说的话，就很难打动对方，很难让人信服。这样的后果就是，你与对方说话，想达到某种目的与愿望，就不会实现。

这里我们要搞清楚一个事实，千万不要把平实与粗俗、低级等同起来，要知道，这样的语言并不能彰显你的真诚，相反，它只会让人觉得你这个人很浅薄。所以，要注意文明用语，做一个懂文明、讲礼貌的人，正常说话，用简单、易懂的语言表达出自己的意思即可。那么，我们在与人的交谈过程中，怎样才能做到语言的通俗易懂呢？

1. 平时说话，尽量使用口头语

平时和朋友说话，如果你满口的书面用语，就会给对方造成你在故意卖弄辞藻的错觉，势必降低对方与你交谈的积极性。所以，平时跟朋友交谈时，最好用口头语交流。

口头语最大的特点是：语言通俗，语句多是简洁明快的短句，很少有冗繁复杂的长句和倒装句；基本上是日常经常使用的句子，很少会出现专业术语；基本上是由音节清晰、语调铿锵、容易听懂和理解的词语组成。为了增加交谈的气氛，还可以适当地增添一些网络流行语及当下的热词。

要想用通俗易懂的语言表达出有深度的道理，并不是几句“信口开河”的话就能说得明白的，这需要我们在平常的工作、生活中，经过认真学习和反复锤炼，才能达到效果。

2. 正式场合发言，用熟语为语言添彩

有一些口语经过长期流传，渐渐固定下来，就形成了熟语。熟语一般都具有丰富的内容与精练的形式，包括成语、谚语、惯用语、格言和歇后语等。它们虽然字数不多，但通常包含着深刻的寓意，倘若运用得当，可以让语言通俗易懂，增强说话的分量。

成语是经过人们千锤百炼而形成的固定词组，具有极强的概括性和丰富的表现力。假如我们在言谈中能够恰如其分地运用一些经常使用的成语，自然就会提高我们的语言表达能力。

谚语是人们在长期的劳动中积累的一些生活经验，后经过口口相传而形成的固定语句。它富含哲理、句式匀称、音调和谐、具体通俗、形象生动，倘若我们在说话时运用得当，就能够提高语言的表达效果。比如，要表达“说话要有分寸”的意思，可以说“过头话少说，过头事少做”“话多了不甜，胶多了不粘”“话不要说死，路不要走绝”之类的谚语。

惯用语和谚语一样，同样可以为语言增添魅力。惯用语是口语中定型的习惯用语，它简明生动、含义单纯、通俗有趣。例如，表达为某人或某事“提供方便”的意思，可以说成“开绿灯”；如果要表达做事不管不顾的态度，可以说“不管三七二十一”。准确地引用惯用语，可以增强演讲和谈话中的幽默感和说服力。

歇后语也是熟语的一种，通常情况下由两部分组成，前一部分是比喻或说出一个事物，后一部分才是所要表达的真实意图。比如，要想表达“两面讨好”的意思，可以说“快刀切豆腐——两面光”；要想表达“一个人没有主见，见风使舵”的意思，可以说“风吹墙头草——两面倒”这样的歇后语。这样会使你的语言生动活泼、给人留下鲜明深刻的印象。不过在使用时，千万不要用得过滥，否则的话会令人生厌。

总之，与人交流，使用的语言最好要通俗易懂。如果对象不是专家学者，说话场合不是非常正式，那么你应该用浅显、平易、朴实的语言，少用专业术语，更不可咬文嚼字，故作高深，否则无异于在难为对方。如果对方是具有较高文化素养的人，那么说话者的语言可以稍微文雅些，让自己的谈话符合他们的身份背景、文化水平。但无论哪一种，准确地把你的意思表达出来，语言通俗易懂是最受欢迎的表达形式。

条理清晰才能“说”出好话

也许你经历过这样的场景：当你绘声绘色地给朋友描述着某件事情时，突然“卡”住了，记不得刚才你说了什么，也忘了下面想说什么。这个时刻语言像在和你捉迷藏，导致你的思维混乱，自己也记不清说话的主题与方向。出现这种情况，就是条理不清晰的显著特征。

对于我们而言，声音固然重要，但表达时清晰的语言更为重要。因为口头表达是别人无法取代的“金字招牌”，养成说话有条理的习惯能让你更多地了解别人，也可以更多地让你为他人所了解。

如果你说话的目的是要告诉别人一件事，那就直截了当地说出来，不必扯得太远。漫无边际的谈话，可能是思路混乱的表现。一个逻辑混乱的人，就像鸟儿没有了羽翼，在学习、生活、社交、工作上都会受到极大的障碍。一个人，不管你多么聪颖，接受过多么良好的教育，穿着多么漂亮的衣服，拥有多么雄厚的资产，如果无法流畅、恰当地表达自己的思想，仍然无法真正实现自己的价值。要想成为广受欢迎的人，我们怎么才能做到条理清晰呢？

1. 说话之前想三分

如果在说话之前，没有认真考虑过你所讲的内容，那么在讲话的过程中，自然也就很难做到条理清晰，甚至有可能因此而感到无话可说，就算有话可说，也可能结结巴巴、颠三倒四。

从心理学角度讲，日常语言分为对话语言和独白语言两种。对话语言指聊天、座谈、辩论等；独白语言则指报告、演讲、讲课等。一般而言，独白语言的要求更高，并且是以对话语言为基础的。在与人交谈之前，尤其是在进行发言或演讲之前，你最好先做好充分的准备工作。你可以把讲话内容写成提纲，或者在心中默诵、试讲。

2. 找准说话的方法

如果想条理清晰地表达自己想说的话，说话方法很重要。可以借鉴以下方法：按讲话内容的重要程度把不同的信息划分等级。最重要的话先说，简洁表达。接着是次重要，既可以先阐述观点，也可以讲完第一点，给予具体论述，然后再论述第二点的具体内容。

要想把话说好，就一定要先把握好对话语言的方法，与别人很好地交流思想，才能在有较多听众的时候表现更好。在与别人谈话时，一定要耐心地倾听别人的意见，不能随便插话或打断别人的话，还要善于“察言观色”，注意从对方的表情、态度中观察出他对话题的感受，更要分析对方讲话的特点，汲取其优点，舍弃其缺点。同时，还要用诚恳的态度讲话，而且如果发现对方有厌倦情绪时，应立即停止这个话题。

3. 抓住所有机会多练习

好口才不是天生的，而是通过环境的影响，通过自身的努力逐步提高的。有许多人都有过这种经历：当孤身一人或面对少数人时，就可以很好地表现自己的语言能力，但是一旦周遭的环境发生改变，就很可能由于某些外在因素而变得思绪混乱，条理不清。要想克服这种情况，就需要多在陌生人或人多的场合练习说话，勇敢地表达自己。虽然一开始不一定能成功，甚至会招人耻笑，但是千万不要因此而放弃，你应该认真分析自己讲话失败的原因，勤讲多练，不断地改正讲话中的错误，这样才能提高自己的说话水平，让自己在任何时候都能条理清晰。

用声音“迷”住对方

心理学家认为，声音决定了你38%的第一印象。当人们看不到你时，音质、音调、语速的变化和表达能力，决定你说话可信度的85%。声音就像是社交场上的第二张名片，但是能否驾驭好这天赐的优点就要看你的本领了。听声辨人，它可以反映出人体的很多状态，比如情绪、情感、年龄、健康状态、喜好等等。好的声音会增强你的吸引力，相反，一个无法入耳的声音是很难让人接受的。

有一次，汤姆先生在电梯里看到一个十分漂亮的女人。电梯里人很多，汤姆先生恰好站在她的身边，由于心生的某种怜爱之情，汤姆尽可能地用自己的身体挡住挤着的其他人，好让这位美丽的女人站得舒服一些。到了十楼，这个女人到地方了，汤姆把路闪开让她出去。正当汤姆还陶醉在她美丽的倩影中的时候，正巧这个女人在招呼她的同伴。汤姆一下子愣了，甚至忘记了去按电梯关门的按钮，这个如老妇人一样干涩、沙哑的声音是从她口中发出的吗？汤姆摇了摇头，可惜了，那种美好此时与美貌无关，与声音有染，它已经飘散了。

别小看声音的作用。在人际交往中，与人谈话就像是一场朗诵比赛，美妙且富有感情的声音会让听者融入谈话内容之中，从而很容易与你产生共鸣。如果不注重这方面的包装，失去了感情，也就失去朗诵的目的。人毕竟是情感动物，有时候你的谈判成功了，也许并不是因为你所列出的条件吸引了对方，而是因为你的声音，你感情的真心流露，使你的说话内容变得鲜活起来，从而深深地打动了对方。

《红楼梦》里林黛玉进贾府那一回中，王熙凤一边放声大笑一边说："我来迟了，不曾迎接远客！"可谓"未见其人，先闻其声"。她用极高调的声音展示出其泼辣的性格，让人印象深刻。可见，声音是一种极具影响力的媒介。人生中，如能让声音为自己助一臂之力，那它可能更加精彩。

中央电视台著名主播罗京逝世了，但是他的声音却给很多人留下了不可磨灭的印象。在罗京逝世一周年的日子里，很多人都自主地去给他献花，记者采访了一位老太太，问她对罗京的印象，她说："其实我不认识他，也从来没有在现实生活中见过他。以前每天都听他播的新闻联播，觉得他的声音特别好听，听着特别舒服，特别亲切。他走了一年了，我来看看他。"

罗京走了，但是他的声音却为人们所铭记与想念，这就是声音的魅力。而他能成为新闻联播的主播，他声音的魅力有着不容忽略的功劳。这足见声音对个人人生的影响力。

当然，你可能会说，"我又不靠声音吃饭，根本就没有必要让自己声音那么有魅力。"如果真这么想，那就大错特错了。

要知道，语言是人类最重要的交际工具，而交际在很大程度上决定个人的人生成败。语言分为有声语言和无声语言，而我们所用的，更多的是有声语言，一旦你开口说话，你就得发声，假如你的声音没有魅力，必然会让你的交际大打折扣。那么，如何在说话中用声音征服对方呢？可以从音量、音调和语速三方面进行修炼。

1. 音量

通常情况下，说话音量的高低能够反映一个人的性格特征。性格外向的人说话声音较高，而性格内向的人说话声音则较低；外向型的人为人爽快，思想单纯，不会刻意修饰自己说话的音量；内向型的人则感情细腻，谦虚谨慎，与人聊天时通常缺乏自信，声音自然降低，有时甚至会让人感觉是在自言自语。

其实，说话音量的高低应该根据场合需求而灵活调整。比如在一些嘈杂的环境中，说话音量应该适当提高；如果在家里、办公室或者别的比较安静的地方，说话音量就应保持正常或适当降低。当与听力不太好的老人交谈时，应该将说话音量适当提高；谈论一些比较私密的话题时，则应将音量适当降低。在演讲或辩论中，当讲到一些振奋人心的话语或者对自己有利的辩论证据时，适当提高说话音量可以展示自己的个人魅力；而在犯错误后认错时，倘若依然保持高音量就会给人强词夺理、认错态度不诚恳的感觉。

2. 音调

抑扬顿挫的音调会让声音显得生气勃勃、有韵律，让听众听着津津有味。就像乐曲中的节拍有快慢和强弱之分一样，声音也应表现出时高时低、时快时慢的音调，不能像一潭死水一样毫无波澜。说话有节奏，可以让你的发言充满情感，可以让你与对方更好地交流。

生活中，可以注意观察一些成功的演讲，演讲者是如何调动听众的热情，抓住听众的内心，主宰听众的感情的。也可以看一些影视剧，其中让人感动的对话是如何设计的，演员是以怎样的音调来表达的。这些都是有助于我们修炼动人声音的有效途径。

3. 语速

与人交谈时应控制好自己的语速，说得太快，对方还没反应过来已经一闪而过，这样不利于双方的互动与沟通。而说得太慢又容易使人着急甚至厌烦。因此，说话之前最好是有所准备的，边思考边说话可能会使说话的速度太慢。但即使准备得很充分，也不能不顾对方反应地快速“倾吐”，因为对方也需要一个接收信息、消化信息的过程。

还有需要格外注意的一点就是，改掉口头禅的毛病。如果你有了口头禅，说话时很容易受到束缚，无论在什么场合，无论它是否与你的说话内容相吻合，你都会脱口而出，让别人觉得可笑。尽量克服说口头禅的毛病，用简洁的语言表达自己的思想，让对方听得清楚，让交流顺畅进行。

如能从以上几方面来努力，那你就能让自己的声音变得更有魅力。与人交谈的过程中，如果能及时地使用有魅力的声音为别人奉上听觉盛宴，那么你肯定会在与人的交谈过程中获得对方的青睐。

把握重点，要说就说到点子上

据《战国策》记载，在秦任职的姚贾以言辞应变，严厉驳斥了韩非对他的谤言，维护了自己的尊严。

当时，燕、赵、魏、楚四国连横，准备攻打秦国。秦王获悉后，立即召集大臣和宾客商讨对策。秦王说：“百姓听说四国联盟的消息后纷纷逃离，再加上我国国内财力衰竭，我们该怎么办呢？”顿时，朝堂之上异常安静。这时，姚贾自告奋勇：“我愿意出使四国，破坏他们的阴谋，阻止战争爆发。”于是，秦王为姚贾准备了百辆车和千两黄金，并且让他穿自己的衣服、佩带自己的剑。

姚贾辞别秦王后先后拜访四国，不但阻止了战事发生，还与四国建立了友好外交关系。为此，秦王封他为上卿。韩非得知此事后，对秦王说：“姚贾带着金银珠宝等宝物出使楚、魏、燕、赵等地长达三年之久，这些国家很有可能只想占有我国的财宝，未必是真心与我国谈合。姚贾想利用大王的权力和我国的宝物私自结交诸侯权贵，请大王明察。再说，姚贾身份低微，只不过是魏都大梁一个守门人的儿子，在大梁居住时曾有偷盗行为，后来在赵国当官时被驱逐。这样一个人，怎么能让他参与国家大事呢？”

秦王召来姚贾问道：“我听说你私下用秦国的财产去结交各国诸侯权贵，有这样的事吗？”

姚贾说：“有这样的事。”

秦王一听，顿时大怒：“那你还有什么面目回来见我？”

姚贾说：“昔日曾参孝敬父母，天下人都希望有他这样的儿子；伍子胥尽忠报主，诸侯们都希望得到这样的臣子；贞女擅长女工，每一位男子都希望娶这样的女子为妻。我对大王忠心耿耿，大王却不知道。如果我不以珠宝馈赠，那四个国家怎会心甘情愿地归顺秦国呢？如果我对大王不忠，那四个国家的国君又怎么会相信我呢？夏桀因听信谗言杀害良将关龙逄，纣王因听信谗言杀害忠臣比干，结果国破身死。现在，大王又听信谗言，以后还会有忠臣为大王出力吗？”

秦王又说：“我听说你是魏都大梁一个守门人的儿子，在魏时有过偷盗行为，在赵做官时被赵国驱逐。”

姚贾不卑不亢地回答：“姜太公是一个被老婆驱赶出家门、连猪肉都卖不出去的齐人，在荆津时即使做苦力也没人愿意雇佣他，可他最终却建立了丰功伟业；管仲只不过是齐国边界的一个小商贩，在南阳时非常贫穷，在鲁国时曾被囚禁，最后却帮助齐桓公建立了霸业；百里奚只不过是虞国的一个乞丐，其身价只值五张羊皮，被穆公任为宰相后却使西戎各少数民族臣服；文公任用中山国的盗贼为将，却因此打了胜仗。这四个人身份卑微，都受过他人的非议。明主之所以会重用他们，是因为知道他们可以立功……因此，英明的君主不会计较臣子以往的过失，不会听信他人的谗言，只会考验臣子们的能力，然后加以重用。大凡能保住江山社稷的人，是不会听信谣言、不会封赏没有功绩的人的。只有这样，臣子们才不敢用虚名欺骗国君。”

听完姚贾的这番辩驳后，秦王保留了姚贾的职务。

姚贾能够抓住重点，利用关键的几句话、几个简单的事例，将事情说得入情入理、有理有据，让人无以辩驳，秦王也就无话可说了。

一次，马克·吐温去听一位牧师传教，开始时，他觉得牧师的演讲非常不错，对牧师所讲的内容也深有同感，于是他准备一会儿把身上所有的钱都捐献出去。可是一个小时过去了，牧师的演讲还没有结束，这时马克·吐温已经感到厌烦了，于是他决定留下身上的整钱，只把零钱捐出去。结果又过了半小时，那位牧师的演讲还没有结束，他还在台上没完没了地讲，马克·吐温觉得非常郁闷，觉得这简直是在浪费他的时间，便决定分文不给。终于等到牧师讲完了，他不仅没有给牧师一分钱，甚至还从捐款的盘子里拿出两元钱作为浪费自己时间的补偿。

也许这是一则笑话，但这不难看出，原本这位牧师是要靠传教募捐的，却因为自己的长篇大论，惹得马克·吐温不满，最终不仅没有募到马克·吐温的钱，而且还被马克·吐温拿走了两元钱。

由此不难看出，话并不是说得多就一定能有好的效果，而是要做到有的放矢、重点突出，才能达到预想的效果。因此，语言表达时，要力求言简意赅，即简中求准，惜字如金。

几百年以前的一天，一位充满智慧的老国王下令召集了一群满腹才学的臣子。他对臣子们说："我希望你们能编一本《智慧录》，好流传给子孙后代，给他们以智慧的启迪。"

这群满腹才学的臣子们每天都绞尽脑汁、翻阅资料，很长一段时间之后，他们最终完成了一部12卷的巨著。

他们将《智慧录》献给老国王。老国王看完全书后，对这些臣子们说："诸位，我深信你们非常有才华，而此书也确实是智慧的结晶。但是，它太厚了，我担心以后没有人愿意耐心地读完它，因此，请你们把它浓缩一下吧!"

听完国王的话，臣子们又经过了漫长而艰苦卓绝的努力，终于将这本12卷的巨著删减成了一卷。可是老国王对此依然不满意，还是认为太长了，于是要求他们继续浓缩。

接下来的日子里，臣子们又把一本书浓缩为一章、一页、一段，最后浓缩成一句话："天下没有免费的午餐。"当老国王看到短短的这句话后，终于高兴地说："这才是真正的智慧结晶。每个人只要知道这个真理，我们一直担心的大部分问题就都可以顺利地解决了。"

可见，并不是只有长篇大论才能把所要表达的意思说明白，简单的话也一样能充满智慧，清晰明白地表达出你想要表达的意思。

所以，在与人交谈时，一定要把握重点，把话说到点子上，不要东拉西扯，不着边际，而要把握主旨，围绕中心，切中要害，用最简洁的话让疑者顿悟，让怒者平息怒气，让哀者受到鼓舞……这样说话，才能真正地体现出语言所特有的力量。

用词准确，说出的话才有分量

每个人都会说话，然而并非每个人都能够准确地表达出内心的想法，有时说出去的话，在别人听来却是相反的意思，这样的话就会给听者产生很多误解或歧义。造成这种错误想象的主要原因是，说话者所用的词句不够准确。

小王的亲戚张大妈和儿媳总闹矛盾，小王想劝她们和睦相处，便给她们写了封信。信中有这样一句话："你们不要总吵架，叫别人笑话。你们应该肝胆相照，和平与共……"

这句话中，小王就犯了大词小用的毛病。"肝胆相照，和平与共"，应用于国际关系，而用它来劝说婆媳间的矛盾，就极不准确了。

与小王相反，某外事局的领导却犯了小词大用的毛病。

一天，某局长与一外国访问团座谈。座谈会将结束时，某局长做总结发言，他说："不管国际风云怎样变幻，我们两国都要抱成一团儿……"

"要抱成一团儿"应该用于单个人之间的关系，而用于两国间就犯了小词大用的毛病。

另外，有些词还有习惯用法，对这些有习惯用法的词，一定要遵从它们的使用习惯，不能随意用其他词语替代。否则，就不能正确地表达思想。例如：

一天，某地方领导主持一个追悼会，本该说“请默哀三分钟”，但他却说成“请难过三分钟”。三分钟过后，他还没想起“默哀”一词，又继续用“难过”一词，说：“现在难过结束”。

“默哀”与“难过”是同义词，但在追悼会上，习惯上说“默哀三分钟”，不说“难过三分钟”。这是约定俗成的，不能随意改变，改变就难以为人们所接受，也会闹出笑话，与严肃的灵堂气氛不符。

显而易见，在与人交流的过程中，用词准确非常重要。用词准确可以让内心的想法准确表达出来，有恰到好处的功效；过于夸张或过于缩小的用词，就不能完整地表达出内心的真实想法，让自己陷入进退两难境地。屠格涅夫的小说《罗亭》中，皮卡索夫与罗亭有一段对话：

罗：妙极了！那么照您这样说，就没有什么信念之类的东西了？

皮：没有，根本不存在。

罗：您就是这样确信的吗？

皮：对。

罗：那么，您怎么能说没有信念这种东西呢？您自己首先就有一个。

皮卡索夫在回答罗亭的第一个问题时用了“根本”这个词，就把话说绝了，结果让自己掉入了语言陷阱。因此，当你遇到不十分有把握的事情时，宁可多用“可能”“也许”“或者”“大概”“一般”等模糊意义的词，也要给自己留有余地。

学会准确用词，这是准确说话的最基本要求。用词准确，不仅能形象逼真地再现你想表达的事物，而且还能明确地表达出你的思想感情和意图。那么，我们怎样才能做到用词准确呢？

1. 懂得词义，再运用

每个词都有其固有的含义，这个意思一般都有其特定的语言环境，只有先确切地了解了它的意思，然后再依据其特点，确定它所适用的语言环境，这样才能使用得恰如其分。如果你本身就对某个词的具体含义或适用范围似懂非懂，那你千万不要不求甚解，想当然地乱用，那样会出现词不达意或因词害义的毛病。比如：“你可千万不要高屋建瓴，房子建得太高不完全是一件好事情。”

很显然，说话者完全不了解“高屋建瓴”是指居高临下，处于可以控制全局的有利地位，有不可阻挡的形势的意思，而以为这个词就是指把房子建得很高的意思，结果闹出了笑话。

2. 细辨近义词，用词要准确

现代汉语词汇丰富多彩，近义词特别多，它在语言表达中有着积极的作用。但如果不加分析，不仔细辨别，而笼统之地使用，势必会造成语言的混乱，更谈不上用词的准确性。如下面这句话：

“听了你说的话，我感到十分后悔。因为我身为经理，还不如一个一般职员。”

这句话中的“后悔”就用得不准确。“后悔”是事后感到懊悔的意思，而按这位经理的表述，是想表达出自己因认识到在某个问题或某件事情上没有一般职员做得好，不配当经理这个错误后而感到羞耻和惭愧的心情，用“羞愧”是最恰当不过了。他没有经过细心辨别就用了“后悔”，显然没能把自己当时的心情准确地表达出来。

3. 词语也有感情色彩

中国汉字中，有不少词都带有一定的色彩，有语体方面的，有感情方面的。语体色彩主要指书面用语和口头用语，感情色彩主要指褒义词和贬义词。说话的时候如果能仔细体会，恰当使用，无疑会对情感的表达起到良好的作用。然而，如果运用不当，就会影响情感的表达，甚至闹笑话。比如，下面这句话：

“没想到你父亲才刚死不久，母亲也因车祸上了西天，真让人伤心。”

“死”是一个口头用语，用在这里显得很不礼貌，缺乏同情心，而“上了西天”则是个贬义词，用在这里显然与整个句子要表达的感情色彩不协调，应把它们分别改为“去世”“病故”等词语。

话多不如话少，简洁精练才是王道

每个人都有这样的经历吧。当你走进一家商店后，总会有一位售货员热情地迎上来，一脸的职业微笑，主动地向你介绍某种新产品。对方的介绍很专业，语言很流畅，从性能优势到结构特点，从价格优惠到售后服务，都娓娓道来。

对方连珠炮似的独自，让你插不上嘴。他不管你懂还是不懂，也不管你的反应怎么样，反正就在你面前喋喋不休地讲下去，好像你不掏出钱他就不会善罢甘休。

他“热情的演讲”使你心烦意乱，滔滔不绝的介绍反而扑灭了你的购买欲望，此时你想的，恐怕只有怎样趁机“逃”出这家商店。当然，有可能你还是想买这件商品，但绝不是从这个令人厌烦的话多的售货员那里。

冗长的语言并不见得能将问题说清楚，简洁的语言往往更有效果，即使是据理力争也应抓住关键，简明干脆地将自己的意思传递出去。不动声色的谈吐往往会令人眼前一亮，同时，更能体现出一个人的睿智。

林肯当律师时曾说过，在一场官司的辩论过程中，如果第七点议题是关键所在，我宁愿让对方在前六点占上风，而我在最后的第七点获胜。这一点正是我经常打赢官司的主要原因。

在他的一场非常著名官司中，就是这样取得了最后的胜利。在那个官司审判的最后一天，对方律师整整花了两个小时来总结此案。林肯本来可以针对对方律师所提出的论点逐一加以驳斥，但他并未那样做，而是将论点集中到了关键点上，总共花了不到一分钟的时间。最后，林肯赢得了这场官司。

对方的律师引经据典、慷慨陈词，说了一大堆，依然输了官司。反观林肯，他把论点的意思浓缩成一分钟，表达出关键意思，令陪审团和法官久久难忘。正是集中于关键点的一分钟决定了林肯的胜利，所以有理不在话多，话少不如话好。可见，语言的精髓，在精而不在多，话多不如话少。

有两位给领导开车的司机，由于单位精简，必须裁掉一个。于是，两人竞争上岗。第一个司机大概讲了十来分钟，说：“我将来要还能开车，一定把车收拾得非常干净利索，遵守交通规则，要保证领导的安全，一定要做到省油……”第二个司机没用三分钟就结束了。他说：“我过去遵守了三条原则，现在我还遵守着三条原则，如果今后用我，我还将遵守三条原则：第一，听得，说不得；第二，吃得，喝不得；第三，开得，使不得。我过去这样做，现在这样做，今后还这样做。”

短小精练的三条原则，条条说到领导的心坎里，在领导心目中，这个司机说得非常好。首先，“听得，说不得”是指，领导坐在车上研究、交代一些工作，往往在没正式讲之前都是保密的，司机只能听不能说，说了就是泄密。然后是“吃得，喝不得”，司机要经常陪领导到这儿开会，到那儿参加饭局，最后总得吃饭，但是千万不能喝酒，这是为了保护领导的生命安全。而“开得，使不得”就是，只要领导不用的时候，也绝不图方便，为了私事私自开车，公私分明。这样的司机谁会不用呢？

现代社会节奏快、时间观念强，简洁精练的说话方式是提高效率的最佳表现。那么，我们在说话中，我们在说话时如何做到简洁精练呢？

1. 抓住关键、长话短说

抓住要点，长话短说，不讲空话，不无的放矢，不重复别人已讲过的或众所周知的俗套内容，是赢得听众的谋略。冗长的说教，满嘴的陈词滥调，没有自己独特见解的发言，只能引起听者的心烦和厌倦。

德国著名诗人和戏剧家贝托尔特·布莱希特特别讨厌那些冗长单调，而又没有多大效果的会议。

一次，有人请他参加一个作家聚会，并让他致开幕词。布莱希特公务缠身，不想参加，便委婉地拒绝了。哪知，举办人并不罢休，他们想尽一切办法，直至布莱希特无可奈何地答应为止。开会那天，布莱希特准时到会，悄悄地坐在最后一排。主办人看到后，把他请到了主席台上就座。

一开始，主办人讲了一通很长却没有什么实际内容的贺词，向到会者表示欢迎，然后，高声而激动地宣布："现在，有请布莱希特先生为我们这次大会致开幕词！"

布莱希特站了起来，快步走到演讲的桌子前。

到会的记者们赶紧掏出笔和小本子，照相机也咔嚓咔嚓地响个不停。

然而，他只讲了一句话："我宣布，会议现在开始！"

抓住要点，最重要的就是说出你要谈论的主题，其余的客套话尽量少说或不说，这样你的听众才不会感到心烦意乱。

运用这一方法必须针对特定的对象，并不是对所有的人都适用。假如对方跟你并不是很熟悉，你一上来就直奔主题，势必让人感觉唐突，其谈话效果可想而知。

一般说来，这一方法主要是针对那些跟自己关系比较密切的人，或者是在一些比较正式的场合，如：商业谈判、会场、做报告演讲等。在这些场合，如果你能够做到抓住要点，一针见血，没有那么多冗长的废话，就会很快地吸引听众，使他们迅速地进入主题，接下的事情无疑就好办多了。

2. 话题集中，话语简明

我们的言语活动总是在一定的时间内进行的。不同的时间，对话语的长短有着不同的要求。时间紧迫，话题就要集中，话语就要简明；时间充裕，话题则可谈得宽泛些，话语也可舒缓些。如果不顾时间长短，盲目交谈，势必影响交际效果。

美国的艾森豪威尔总统就很知道在讲话时注意时间的长短。艾森豪威尔任总统前曾担任过哥伦比亚大学校长，并且经常出席集会，发表演说。

一次，他在集会上排在最后一个发言，因前几位演讲者都是长篇大论，以致轮到他发言时时间已经不早了，艾森豪威尔见时间已晚，而听众又流露出不耐烦的情绪，便决定舍弃原来准备好的演讲内容，用简短的语句演讲，他说："每一篇演说不管它是书面形式的，或是其他形式的，都应该有标点符号。今天晚上，我就是标点符号中的句号。"

艾森豪威尔的话音刚落，听众们便报以热烈的掌声。事后，艾森豪威尔对人说，这是他最成功的一次演说。

听众们感觉好，艾森豪威尔感觉好，都是有道理的。在时间短促，听众不耐烦的情况下，即使是有内容的长篇大论，也难能为人所接受，而艾森豪威尔的演讲，可谓有多重意义：既对别人的演讲表示了肯定，又完成了自身的演讲任务，同时还节省了时间，赢得了听众的好感。

"停顿"有门道，千万别小瞧

只要稍加留心，我们就会发现，有些人说话的语速很快，犹如机关枪扫射般一口气把该说的话全部说完。这种"口齿伶俐"在与人交往的过程，并不是一件好事，因为语速过快，他们说出的话，让听者根本分辨不出说话的内容。

出现这种情况，主要原因是说话者不懂得如何去停顿。会说话的人，在表述某件事或某个问题时，该快的时候则快，该慢的时候则慢，语速则表现出起伏跌宕、有轻有重的状态。从表面而言，停顿是说话时词语或语句之间声音上的间歇，但事实上却有很多的语法和语义都在停顿上得以体现，并且在大多数情况下，标点的运用也就是为了停顿。尤其是在语义方面，句子停顿的地方不同，表达出意思也有所不同。

某单位调整工资以后，在一次总结会上，一位领导同志在做报告时说："通过这次调整工资，极大地调动了职工的积极性，加了工资的和尚，未加工资的同志，都纷纷表示……""妙语"一出，全场听众哗然，纷纷揶揄道："我们这里又不是少林寺，怎么还有和尚？"

"怪不得我们这些人没涨工资，原来把指标送给庙里了！"

这位领导就不懂得停顿，原本不该停顿的地方他停顿了，结果闹出笑话。正确的语句应该是"……加了工资的和尚未加工资的同志，都纷纷表示……"这样说，就不会闹笑话。可见，仅有好的语言还不够，如果我们连最基本的换气与停顿都把握不好，那么再好的语言到了我们手里也不过是垃圾一堆。

在一场心理知识的讲座上，主讲老师在谈到心理细节的问题时，给台下的听众提出了这样一道题目："我们考虑一下男人和女人在回到家时，在进家门前摸钥匙的情形有什么不同？"然后主讲老师就闭口不语，停顿下来，让台下的同学们去考虑、去揣摩。

听到题目后，听众们顿时活跃起来，大家自由发挥想象，有的人互相讨论，有的人干脆掏掏口袋来进行现场模拟。

待听众们讨论了一阵后，老师才将她所见到的不同情形娓娓道来："根据我的观察，大多数女人在刚走上楼梯时，手就在口袋里摸索，走到家门口的时候，凭着感觉已经在一大串钥匙中找到了一把，向锁孔里一插，果然就打开了门。

而大多数男人则往往是匆匆忙忙地跑到家门口，用脚或拳头用力地撞击一下大门，打不开，这才想起到口袋里或包里去摸钥匙，费了好大力气才找到的钥匙却还是打不开门。噢，原来是钥匙拿错了。”

老师绘声绘色的讲述使得台下听众笑声一片，等到听众们笑声过后，老师趁势总结出了男人和女人在心理细节方面的差异。

老师巧妙地通过停顿，让听众在此期间去搜索问题的答案，然后利用问题的答案引出所阐述的观点，取得了很好的演讲效果。那么，我们在说话中怎样运用好停顿呢？

1. 注意语言逻辑

在文字语言中，但凡有标点的地方一般都需要停顿，而在一个句子中间，为了准确地表达语意，揭示语言的内在联系，也需要根据要表达的意思，合理地划分词组，做出适当的停顿。词组之间的停顿千变万化，是停是连还须以表意准确清晰为出发点，做出适当的选择。

一个富翁死了，留下一封没有标点的遗书：

“七十老翁产一子人曰非是也家业尽赋予女婿外人不得干预”

这封遗书根据停顿地点的不同，可以有两种读法：

“七十老翁产一子/人曰非/是也/家业尽赋予/女婿外人/不得干预”和“七十老翁产一子/人曰非是也/家业尽赋予女婿/外人不得干预”。

显然，这两种读法所要表达的意思完全不同，这可愁坏了执行遗嘱的法官。

2. 用停顿来表示强调

有时候由于说话的意图、感情和心理活动的变化不同，语言节奏和语调也要有所变化，这时候就要注意停顿。

经理让小王做一份报告，最后，他告诉小王："小王，请你明天中午之前交给我!"这里的"明天中午之前"就需要停顿一下，表示强调，这样能让小王明白对时间的把握需要格外重视，在写报告的时候把握好时间。

3. 句子太长需要换气

说话者恰当地调节气息，可以优化语言的效果。停顿作为调节气息的一种手段，不仅让说话者有换气的机会，也给听者以回味的可能。比如："我们开始努力去了解是那样熟悉而又似乎是那样陌生的亲人。"

这个句子比较长，如果在了解之后稍作停顿，吸一口气，可以为接下来的讲述蓄势，也可以加强语言的清晰度和表现力，使听众更好地领悟这句话的深刻内涵。

高明的附和让谈话高潮迭起

附和是指对别人的言行进行应和、追随，也指随和别人的言行。附和不是简单的"是""同意""对着呢""是这样"诸如此类的话，这样直白的附和没有任何效果，反而让别人认为你是在拍马屁。这需要倾听者有比较宽的知识面和好的领悟力，同时要将别人观点的理解通过自己的语言清晰地表达出来。

例如，当朋友向你展示自己新买的衣服时，你会怎么回应呢？大多数人都会觉得"随声附和"是最保险的办法。是啊，既然大家都说“真漂亮”“很好看”，那么，随声附和绝对没有错。即使对方穿起来效果并不是很好，说一句“好看”对方也一定会满意。

假如你当初的回应是带有建议性的，比如“你的衣服很好看，颜色很配你的肤色，只是我觉得你换一双浅色的鞋子就更完美了”，这样既称赞了她的衣服好看，又让她感受到你是真心诚意的赞美，并且会对你的建议心存感激，可谓一石三鸟。下次她买了新衣服，一定还会向你征求意见，甚至会拉着你一起去买衣服。

要想成为谈话高手，千万不要随声附和，随声附和只会降低你说话的含金量。然而，有的人天生的性格就是没主见，习惯了人云亦云随大流。那么，有什么说话的小技巧来改善这种情况吗？答案是肯定的。有一个实用的小技巧可以让这些人逐步改善随声附和的积习，那就是“适时适度地提问”。学会了这个技巧，走出随声附和的说话误区将是一件简单的事。那么，我们在与他人交流时，该如何做到正确的附和，让谈话高潮迭起呢？

1. 随声附和对方的话

当对方提出某一个话题时，你只有表现出对此有足够的兴趣，并且愿意和他就这个话题继续聊下去，这样才能和对方继续愉快地交谈。随声附和，有时是胜过千言万语的灵丹妙药。恰如其分地附和，能加深彼此的感情，同时会令双方感觉到彼此的人格受到尊重。并且双方一旦在心理上形成了某种共鸣，就有可能消融隔膜，敞开心扉，进行真正意义上的对话。

有这样一个故事。

一个阔太太来到一间心理咨询中心，态度十分傲慢。她走进来环顾了一下房间，便向同为四十多岁的资深心理咨询师毫无礼貌地发问：“你有四十多了吧？”

这位咨询师立即对面临的状况做出判断，以守为攻地说："哎呀，那夫人您也四十了吗？看起来您比我年轻许多呢。"

咨询师这一句得体的附和打掉了那位太太的傲气。她马上换了一副面孔，说："我看不惯那些年纪轻轻的女人们，总摆出一副居高临下的姿态，一旦来到这样的心理咨询中心，我心里总有些忐忑。"

巧妙地接过对方的话尾，做出得体的附和，能让对方感觉你对他所说的话感兴趣，这显然有利于交谈继续进行。

2. 不要突然插入不相干的话题

如果你想在对方的话题即将结束时承接一个话题让谈话继续进行，那你承接的话题务必要与对方所讲的话题有所关联，承接要自然，不可太过牵强。比如，对方说："我昨天刚出差回来。"你就不能直接说"今天中午食堂吃什么"之类毫不相干的话题。如果一定要插入一个完全不相干的话题，那也一定要有一个过渡期，否则会显得非常突兀。就像上面的对话中，当对方说到刚出差回来时，你如果还是要连接到今天的天气这个话题上来，那你不妨承接："是吗？那边的天气怎么样？有今天的天气这么好吗？"如此一来，就显得很自然了。

好的结束语为交谈画上完美的句点

与人交谈，说好开场白固然重要，但是也不能忽视结束语的作用。如果说开场白是一份美味的开胃小汤，那么结束语就是一杯香浓的咖啡，让人回味无穷。有研究证明，人的记忆和印象，都受过

“记忆的系列位置”的深刻影响。简单地说，就是在一件事情从发生到结束的整个过程中，开头和结尾给人的印象最深，甚至可能具有左右整个记忆的作用。

一天，笑笑到同事家来做客，两人谈得非常投机。可是当笑笑告辞出去，刚跨出同事家的大门，那位同事便“砰”的一声把门关上了。笑笑的心里顿时升起一股凉意，从那以后，笑笑便很少和那位同事说话了。

其实，生活中很多人遇到这种情况，心里都会凉上半截。也许那位同事是无意的，可是在笑笑的心里却难免会有所猜疑，原来畅谈甚欢的兴致，也就被那“砰”的一声一笔勾销了。

这足以证明，在即将结束交谈的时候，应该努力设计一个能给对方留下深刻印象的告别语。如果只是简单的一句“再见”或“晚安”之类的道别语，未免太显枯燥、乏味，不能给对方以回味的空间。因此，我们有必要好好地斟酌一下结束语。

1. 在结束时给予特殊关照

当交谈双方说完了自己的思想、意见或流露了某些内心的意向之后，觉得有些话带有一定的范围性、对象性、保密性，不便传播给他人知晓时，有时谈话者会特别关照对方。比如：“刚才我说的那些观点，只是一些不成熟的想法，别人听了难免会见笑，所以还希望就我们俩知道就好了，不要传出去，以免引起麻烦……”

“××，想说的、要说的我都说了，这都是些心里话。你千万不要告诉别人。”

用这种方式结束谈话，能引起对方的注意，起到强调重点、防患于未然的作用。

2. 以满足对方的嘱托结束

如果在谈话过程中，对方有某方面的事情要托你办理，在结束时你一定要再强调一下，这样表示对对方嘱托的重视，对方会更加放心，对你也会更加信任。

3. 以满足对方关心的事结束

谈话过程中，如果你发现对方对谈话中的某个人或事比较关心、重视的话，结束时你可以满足一下对方的心理需求。比如，谈话中对方对你提到的一位朋友很感兴趣，你就可以说："从刚才的谈话中，我看你对××比较感兴趣，我比较了解他，确实不错。要不有时间我为你介绍一下，结识以后我相信你会对他更感兴趣。"如果双方是异性的话，更会喜不自胜，不但对要介绍的人更有渴望，对你也会更加友好。

4. 以满足对方的好奇心结束

在谈话中，你要注意观察对方的好奇心。如果你能抓住对方的好奇心，以投其所好之策满足对方的好奇心，对方会把你当成知心好友，因为好奇心强的人最渴望得到满足。比如，当你谈到一项工作计划时，对方欣然倾听，并有参与的趋势，这时你就可牵引住对方，"我看你对此项计划比较欣赏，要不明天我们一块做个市场调研，再另作安排，你看怎样"，对方十有八九会答应。

5. 以相邀形式结束

谈话结束时，要表现出热情的态度，有必要送别的就送人一程，以示诚意。话别时，最好拣话题中双方比较愉悦的内容再重温一下，活跃一下对方的情绪，"与你谈话真高兴，一下洒脱了许多，有时间的话咱们再聚一下"，这样会给对方一个美好的印象。如果有中间朋友更好，你就可以说："有时间也邀上某某，大家再聚一定更开心。”看准对象，以相邀的方式结束是比较好的。

好的开头，再加上好的结尾，散席以后对方会给你的名字打上着重号；而好的开头，坏的结尾，就意味着前功尽弃。所以，好的结束语，是谈话成功的重要因素。

第二章

懂得互动，才能把话说到对方心坎里

互动是愉快交谈的基本途径之一，会说话的人在与人谈话时，懂得如何互动，知道如何找到对方喜欢的话题，从而拉近双方的距离。但是有些人却不明白其中的道理，尽管他们拥有很好的口才，但是在谈话的时候却一直把焦点放在自己身上，令听者很难产生互动，甚至产生厌恶，最终不能达成所愿。

推开“寒暄”之门，以获取话题

两个初次见面的人，由于彼此之间缺乏了解，交谈很容易陷入僵局，而打破僵局的一个好方法就是推开“寒暄”之门。俗话说“话要开好头，事要收好尾”，一番恰到好处的寒暄不仅展示了我们的礼貌和关心，还能在两个陌生人之间架起一座友谊的桥梁。由此可见，寒暄已经成了口才技巧中必可不少的一个环节。

张鹏是一家房地产公司的员工，每个月他的业绩都是第一名，当有人问道他与陌生客户相处的秘籍时，他总是笑着说，秘籍就是寒暄。

有一天，客户一家三口到张鹏所在的公司看房源，张鹏请他们坐下后对先生说道：“先生实在好福气，能娶到这么漂亮贤惠的太太！什么？快30岁且已经是一个孩子的妈妈了？实在看不出来，您太太真是驻颜有方，保养有术啊。”先生听了很高兴，张鹏转而又对太太说：“太太您实在是有眼光啊，嫁了这么体贴且又有责任感的先生，事业又做得这么大，真了不起。人都说成功的男人背后一定有一位贤淑的夫人，今天见您一面，您实在当之无愧。”太太听了也乐得合不拢嘴，这时张鹏又把目光转向他们的孩子——一个4岁的小女孩，“小妹妹你今年几岁啦？好可爱，长得跟妈妈一样漂亮，尤其是这对眼睛又大又漂亮……”

就这样，这一家三口都对张鹏很有好感，进而化解了彼此之间的陌生感，在张鹏的介绍下，这对夫妻顺利地选择了一套房子准备买下。

人与人之间的交谈，实际上就是感情的交流，而交流需要建立在彼此了解的基础上。每个人都希望自己能引起他人的注意，得到他人的重视，此时寒暄就成了表达你对他人关注的方法之一。通过寒暄激起对方的谈话欲望，以共同的话题来引起共鸣，你的观点才更容易被对方接受。那么，你初次与人见面时，怎样把寒暄的话说到位呢？

1. 问候式

“您好”是最常用的问候语，倘若你能够根据对象、场合的不同而使用不同的问候语，可能会有更好的效果。在面对德高望重的长者时，可以问候“您老人家好”，以表示尊敬；面对同龄人时，可以直接称呼其名字或名字的后面两个字或一个字，再说“你好”，使亲切感倍增；面对一些有职业身份的人时，可以说“李医生，您好”“王老师，您好”“陈会计，您好”等，也带有尊重的意味。春节时拜访他人要说“新年好”，让人感觉到节日的气氛；早晨见到他人要说“早啊”“早上好”，就比“您好”显得更加得体。巧用称呼语打开“寒暄之门”，然后在交谈的过程中，就能制造出无数的话题，不会让双方陷入沉默。

2. 敬慕式

对初次见面者表示敬重、仰慕，是一个人热情有礼的表现。注意这种方式必须要掌握分寸，做到恰到好处，万万不能乱吹捧，倘若逢人便说“久闻大名，如雷贯耳”一类的话就过头了。表示敬慕的内容要根据说话对象、时间以及说话地点来定。

3. 攀亲认友式

这一招虽然不太被推崇，但的确具有很强的实用性。通常，只要对一个素不相识的人作一番认真调查，都能找到一些或明或隐，或近或远的关联。如果对话时再拉上这层关系，就能一下子拉近彼此的心理距离，使对方备感亲切。

比如：

“啊？您姓李啊？我也是，我们五百年前可是一家呀！”

“您来自皖南，我出生在皖北，两地相隔咫尺。没想到今天遇到同乡了，令人欣喜啊！”

这种初次见面互相攀认式的谈话方式很容易打开寒暄之门，让话题不断，而且可以让人在短时间内产生一见如故的印象。

4. 扬长避短式

几乎每个人都希望别人能够看到并赞美自己的长处。那么，初次见面交谈时，你应该投其所好，以直接或间接的方式指出对方的长处并赞扬一番，这也是推开寒暄之门的一种方法，从而让对方对你产生好感，也能激发彼此交谈的积极性。反之，倘若总是有意或无意地触及对方的短处，伤及对方的自尊心，就会让你们的谈话因为不愉快而中断。

被誉为“销售权威”的霍依拉先生有自己独特的交际诀窍：初次交谈，推开寒暄之门的方法，就是一定要扬人之长、避人之短。一次，为了拉广告，他前去拜访梅伊百货公司总经理。打招呼之后，霍依拉突然开口问道：“您是在哪儿学会开飞机的？总经理居然能开飞机，可真不简单啊！”话音刚落，总经理便兴奋起来，谈兴大发，广告之事当然不在话下，霍依拉还被总经理热情地邀请去乘他的私人飞机呢！

俗话说："酒逢知己千杯少，话不投机半句多。"有的人相处一辈子却形同陌路，而有的人却一见如故。会说话的人，总是能巧妙地推开"寒暄之门"，不断地制造话题，让话题不断，做到言之有"续"，这样才能给人一见如故的感觉，而在寒暄之中，也能体现出一个人言论的精彩独到之处。

好话题胜过好方法

好的开始便意味着成功了一半。与人交谈，一个好话题往往胜过各种谈话技巧。在与人交往中，你可能会有这样的体会：与和自己没有共同语言的人一起交谈，尤其是和初次见面的人交谈时，会感到别扭、烦闷。这时候，如果能找到一个相互都感兴趣的话题，和对方发生共鸣，那交谈也就能够愉快地进行了。

刘杰和章斌住在同一个小区有一年多的时间了，平时碰面彼此只是点点头、打个招呼而已，并没有什么深交。然而最近的又一次"偶遇"让他们的关系有了很大的改变。

那天，刘杰到一家渔具店购买钓鱼竿，正在与店主讨价还价的时候，章斌来了，他看到双方僵持不下，就出面做了个中间人，最后双方以满意的价位成交——原来章斌也很喜欢钓鱼，是这家店的老主顾。回家的路上。这两个平时交谈不多的人边走边聊，从"渔具"说到"渔趣"，你一言我一语，谈得十分投机，俨然一对故友重逢。从此之后，两人就经常结伴去钓鱼，成了无话不谈的好朋友。

你看，一对平时无话可谈的老邻居，却因为找到了"钓鱼"这个双方都感兴趣的话题，便有了谈话的兴致，自然也就少了那些拘谨和隔膜，并且两人有了聊不完的共同话题。

事实上，真正的好话题有一个非常重要的指标——对方是否感兴趣。谈论对方感兴趣的话题，不仅可以使对方对你产生兴趣，而且可以使自己更关心别人，关心别人对自己的要求。须知，谈论别人感兴趣的内容，可以很容易就拉近人与人之间的距离。

销售员陈美佳向一位陌生人推销产品，看到他的墙上挂有“制怒”二字，得知对方希望能克服易怒的缺点。陈美佳便问他：“您平时很爱发脾气吗？”对方说：“我的确易冲动，可明知自己有这个毛病，还是控制不了，为了提醒自己，就把‘制怒’这两个字挂到墙上。”陈美佳就从这个话题谈起，先表示了理解之情，继而说了自己的看法，对方也聊了些感想。两个人感觉很投缘，并迅速缩短了彼此的距离，竟有相见恨晚之感。自然，这次推销产品也就不在话下了。

这次销售的成功，有赖于销售员知道如何制造话题，让彼此陌生的俩人有了进一步的交流，甚至成为朋友。

网络上曾流行过这样一段话：“所谓的好朋友，就是面对面坐着，即使很长时间都不说一句话，也不会觉得尴尬。”但是真正的朋友又怎么可能找不到共同的话题呢？试想一下，当你遇见朋友或熟人的时候，因找不到话题而冷场，那实在是一个相当尴尬的局面。所以，只有学会打开对方的话匣子才能够使交谈顺利进行。

相反，如果在交谈中，只顾自己的喜好，讲自己遇到的奇闻逸事和那些自己感兴趣的话题。这样即便你说得口干舌燥，别人也可能完全不买你的账。

马健是一个活泼外向的人，他很喜欢找人聊天，可是却很少有人愿意跟他聊。这是为什么呢？原来，每次只要他一开口说话，就没人能找到说话的机会。不管面对的是熟悉的朋友还是陌生人，他都大聊特聊自己的故事。说是与人聊天，却好似在说自己的人生履历。不但要一一细数一遍自己曾经的光辉事迹，而且凡是别人提到一个事情，他都要尽力往自己的身上揽。别人说最近精神变差了，他就会说："对呀对呀，我前段时间精神也挺不好的，但是我最近看上去还不错吧？我可是每天都给自己补充营养，隔两天就会去健身房锻炼哦……"别人没有了说话的机会，也就自然没有了与他交谈下去的兴趣了。

通常情况下，与人交往，话题的好坏决定了双方沟通、交流效果的好坏。话题选择得好，便能让人有一见如故、相见恨晚之感；如果话题选择不当，便会导致四目相对、局促无言的尴尬局面。记住，好话题的标准是：至少有一方（这个一方，最好是对方）熟悉，能谈；大家感兴趣，爱谈；有展开探讨的余地，好谈。那么，我们该怎么找到一个好话题，与对方进行互动呢？

1. 进行言语试探，寻找话题

两个年轻人一起坐在杭州某车站的同一条长椅上。

"你好，请问你在什么地方下车？"其中一人问对方。

"到终点站，你呢？"

"我也是，你到浙江干什么？"

"我到杭州上学，你就是此地人吧？"

"不是，我是来找女朋友的。"

经过双方的言语试探，可知双方都对浙江很熟悉，又都是外来者，这样他们的共同点就彼此清晰了。这两个人发现对方的共同点后谈得很投机，还约定要一起喝咖啡。

言语试探，我们不妨从天气、籍贯和衣着等方面着手。因为问对方这些方面的问题不易触及对方敏感处。

2. 借助媒介，引入对方感兴趣的话题

可以一定的物和事为媒介，作为引发交谈的“因子”。比如，你想结识坐在你身边看报纸的这位先生，你就可以以报纸为媒介，对他说：“先生，对不起，打扰一下。请问您手里拿的报纸里面，今天有什么重要新闻吗?”如此一来，就开启了双方对话的话头。

3. 善于观察，找出对方在意的事物

比如，对方一直把玩摄影机时，这就表明他对摄影感兴趣。你可以此为题，谈摄影的取景、胶卷的选择、各类相机的优劣等。如你对摄影略知一二，那你们一定能谈得很融洽，如你对摄影不了解，也可借此大开眼界。

但值得注意的是，有的话题即便双方都感兴趣，但最好还是回避。比如，特别容易引起争端或争议的话题，在公众场合，特别是对方也在场的情况下，不要无所顾忌地以对方的某些缺点或隐私为话题；对自己不了解不熟悉的东西，故作深沉，装内行等。在与对方交谈的时候，要多说些漂亮话，拿捏好说话技巧，让自己成为一个有魅力的说话高手。

会倾听，情感才能升温

倾听是一种礼貌，是一种尊敬讲话者的表现，是对讲话者一种高度的赞美，更是对讲话者最好的恭维。倾听能使对方喜欢你、信赖你，与你产生互动。

汽车推销员乔·吉拉德被世人称为“世界上最伟大的推销员”。他曾说过：“世界上有两种力量非常伟大，其一是倾听，其二是微笑。倾听，你倾听对方越久，对方就越愿意接近你。据我观察，有些推销员喋喋不休，因此，他们的业绩总是平平。上帝为什么给了我们两个耳朵一张嘴呢？我想，就是要让我们多听少说吧！”

当然，这个道理并非乔·吉拉德生来就知道的，因为不懂得倾听，乔·吉拉德曾为此付出过惨重的代价。

有一次，乔·吉拉德花了近一个小时才让他的顾客下定决心买车，然后，他带着顾客走进自己的办公室，准备签合约。

当他们向乔·吉拉德的办公室走去时，那位顾客开始向乔提起了他的儿子。“乔。”顾客十分自豪地说，“我儿子考进了普林斯顿大学，我儿子要当医生了。”

“那真是太棒了。”乔回答。

二人继续向前走时，乔却看着其他顾客。

“乔，我的孩子很聪明吧，当他还是婴儿的时候，我就发现他非常地聪明了。”

“成绩肯定很不错吧？”乔应付着，眼睛往四处看着。

“是的，在他们班，他是最棒的。”

“那他高中毕业后打算做什么呢？”乔心不在焉。

“乔，我刚才告诉过你的呀，他要到大学去学医，将来做一名医生。”

“噢，那太好了。”乔说。

那位顾客看了看乔，感觉到乔太不重视自己所说的话了，于是，他说了一句“我该走了”，便走出了车行。乔·吉拉德呆呆地站在那里。

下班后，乔回到家回想今天一整天的工作，分析自己做成的交易和失去的交易，并开始分析失去客户的原因。

次日上午，乔一到办公室，就给昨天那位顾客打了一个电话，诚恳地询问道："我是乔·吉拉德，我希望您能来一趟，我想我有一辆好车可以推荐给您。"

"哦，世界上最伟大的推销员先生。"顾客说，"我想让你知道的是，我已经从别人那里买到车啦。"

"是吗?"

"是的，我从那个欣赏我的推销员那里买到的。乔，当我提到我对我儿子是多么的骄傲时，他是多么认真地听。"顾客沉默了一会儿，接着说，"你知道吗?乔，你并没有听我说话，对你来说我儿子当不当得成医生并不重要。你真是个笨蛋!当别人跟你讲他的有兴趣的话题时，你应该听着，而且必须聚精会神地听。"

从此以后，乔·吉拉德都认真倾听别人的谈话，很快，很多客户都喜欢上了他，都乐意在乔·吉拉德这里买汽车，因为他给人的感觉就是很值得信任。后来，乔·吉拉德成了世界上最伟大的汽车推销员。

每个人都希望获得别人的尊重，受到别人的重视。当我们专心致志地听对方讲，努力地听，甚至是全神贯注地听时，对方一定会有一种被尊重和重视的感觉，双方之间的距离必然会拉近。

先做一个耐心地听取别人说话的人，才是谈话态度中的正确表现。一个善于静静倾听别人谈话的人，才有可能是一个富于思想、有缜密见识和具备谦虚柔和性格的人。这种人在人群中，也许不大受人注意，但最后必定是最受敬重的。因为他虚心，容易被他人所喜欢；因为他善思，才能为他人所信任。所以，聪明人总是少说话、少用嘴，多用耳、多用心。在这里，我们罗列一些建议，供读者参考。

1. 要搞清自己听别人说话的习惯

首先要了解，自己在听别人讲话时有哪些好的习惯，有哪些坏的习惯，是否对别人的话匆忙做出判断，是否常常打断别人的话，是否经常制造交往的障碍等等。了解自己听的习惯是否正确是运用听的技巧的前提。

2. 不要无动于衷的听别人说话

要记住，交往的双方缺一不可，既有说话者，也有听话者，而且每个人都应轮流扮演听话者的角色。作为一个听话者，不管在什么情况下，如果不明白对方说出的话是什么意思，就应该用各种方法使他知道这一点。在这里，可以向他提出问题，或者积极地表达出你听到了什么，或者让对方纠正你的听错之处。如果一言不发或者一点表示都没有，又有谁能知道你是否听懂了对方的话呢？

3. 听别人说话要注意姿势

要面向说话者，同他保持目光接触，要以你的姿势和手势证明你在倾听。无论你是站着还是坐着，与对方要保持在对双方都最适宜的距离上。要记住，说话者都愿意与认真倾听、举止活泼的人交往，而不愿意与“木头人”交往。

4. 注意力要集中在对方的话上

既然每个人集中注意力的时间不长，你在听话时就要有意识地把注意力集中起来，要努力把环境的干扰压缩到最小限度，避免走神分心。积极的听话姿势有助于你把注意力集中在对方所说的话上。

5. 努力理解别人话中的言语和情感

也就是说，不仅要听懂对方传达的信息，而且要“听出”对方表达的情感。假设一个工作人员这样说：“我已经把这些信件处理完了。”而另一个工作人员却这样说：“谢天谢地，我终于把这些该死的信件处理完了！”尽管这两个工作人员所发出的信息内容相同，但后者与前者的区别在于他还表达了情感。因此，不仅要倾听对方讲话的内容，而且要理解对方话语中的情感流露，这样，在你做发言以前，就已经取得了交谈的主动权。

6. 要观察话中的非语言信号

既然很多信息是在话中通过非语言方式进行的，那么，就不仅要听对方的语言，而且要注意对方的非语言表达方式，这就要注意观察说话者的面部表情、如何同他保持目光接触、说话的语气及音调和语速等。同时，还要注意对方站着或坐着时与你的距离，从中发现对方的言外之意。

7. 要对讲话者保持称赞态度

如果有必要的话，对讲话者保持称赞态度更能增加良好的交往气氛。讲话者感到你称赞的越多，他就越能准确地表达自己的思想。相反，如果你对讲话者表现出消极态度，则会引起他的防御反应，从而引起对方对你的不信任感和警惕性。

8. 适当地表示出理解对方的信息

对方话语中传达的信息有时可能会含混不清，这时你无论是听懂还是没听懂，都要不失时机地通过点头、笑容等举止、表情，向对方传达你听懂了对方说什么的信息。这样，对方就会感觉到你不仅理解了他的讲话内容，而且还感受到了他的情感。

合对方的拍子，交流自然就融洽

说话就是讲给别人听的，怎样做到让人家愿意听、喜欢听呢？如果你与人交流时，你的一言一语对方都声声入耳，对方的话语让你听起来也很悦耳，整个交流的过程均在友好、愉快的氛围中进行，这无疑是一场成功的交流。怎样才能做到这样的效果呢？答案就是“合拍”。只有我们的话语和对方合拍，才能奏出和谐美妙的音符；如果不合拍，蹦出的一定是刺耳的杂音噪音，大家都不喜欢听。

心理学家理查德·班得勒曾说过：“当你对一个人说话时，你不是想给他传达信息，就是想改变他。”没错，的确是这样。可是，当我们说完之后，对方是否会接受我们所表达的意思呢？换句话说，我们沟通的目的能否会实现呢？很多人以为只要自己把意思说清楚了，沟通就算是结束了。实际上，沟通远不止这些。真正意义上的沟通是双方之间的交流，因此，判断沟通是否成功、沟通的目的是否达到标准不是你说了什么，也不是你表述得是否清楚，而是对方的反应。如果对方不接受你的言语，哪怕你说得再文采斐然天花乱坠，也没有任何意义。因此，想要让对方愿意听你说话，就必须从对方的角度考虑，合对方的拍子。那么，我们怎么才能做到合对方的拍子呢？

1. 话题要合拍

双方说话就像是发出电波，而对方就像是一个接收器，接收电波。只有你的频率契合对方的频率，对方才会接收，才能产生共鸣。

因此，所谓沟通时“话题要合拍”就是要谈论对方所关心的话题，只有对方对你的话题感兴趣，交流才能继续下去。如果对于你所高谈阔论的一切，对方只是在心里嘀咕“这与我有什么关系”，那么，即使你的思想再高明也是一次失败的沟通，正所谓“酒逢知己千杯少，话不投机半句多”。

2. 语调要合拍

假如交谈的双方，一个气定神闲，一个火急火燎；一个慢条斯理，一个抓耳挠腮；一个像诗朗诵，一个像说唱，结果会是怎样呢？一定是早早收场不欢而散。说得夸张些，不是着急的那位被急死，就是悠闲的那位被烦死。没办法，谁让他们语调不合拍呢？真正聊得投机的人，必定是语气相称，声调相合，语速同步，声音大小相宜。

3. 体态语要合拍

所有人都知道，甜美的微笑是沟通的“必杀技”，所谓伸手不打笑脸人。可是，假如对方一脸阴沉，言语透露着沮丧，看上去像遭受了挫折和打击，你还嘻皮笑脸地迎上去，玩世不恭地跟他说笑，你想对方会是什么感受呢？会不会有想暴揍你一顿的冲动呢？应该根据对方心情的表露，调整自己的表情和神色，因此，尽可能多说一些安慰体贴的话。这样，他的感受就会好很多，并且觉得你是一个善解人意的人。

4. 思想观念要合拍

每个人都有一套自己与众不同的思想观念，就是大家常说的价值观。根据思想观念，每个人都会在意识深处定下一系列约束自己言行举止的条条框框，这是根深蒂固的，很难改变。因此，在和对方沟通的过程中，要充分尊重对方的思想观念，不要轻易去挑战它，不要试图将自己的思想观念强加于人。否则，弄巧成拙，只会招来对方的反感和抵触。可见，在沟通的过程中，应该和对方求同存异，尽量在思想观念上和对方合拍，尽量寻找共同点，不要只盯着不同点不放手。

比如，当和对方的想法发生分歧时，绝对不能张口就来“你错了”或者“你怎么会这么想呢”，这样说的结果，很可能就是在以后的交流中，被对方打入冷宫——不愿再和你交流。记住，你要做的是在思想观念上与对方合拍，而不是奏出格格不入杂乱无章的音符。怎么办呢？你可以这样说：“原来还可以从这个角度看问题，很有意思。”或者说：“你是这样想的吗？我没有想到这些。”当你这样说的时候，你并没有迫不及待地亮出自己的价值观去教育对方，也没有立刻否定自己、改变自己的立场，而是既显示了对对方的尊重，又展示了自己作为一个沟通高手应有的礼貌和风度。

5. 风格要合拍

写文章有风格，说话也要有风格吗？当然要有。因此，在沟通时，你在词语的色彩、句式的选择等方面也要与对方合拍。

如果对方说话有条有理、逻辑性强，那么，他很可能是一个逻辑思维型的人，这种人的特点就是思维缜密，对事物的见解独到而深刻，因此，和这种人沟通时，最好全神贯注，有条不紊地交谈，千万不要毛躁，流于肤浅，信口开河。

如果对方说话爱发感慨，爱用形容词，喜欢抒发自己的感受，并且把事情描述得生动形象，那么，他很可能是一个形象思维型的人。和这种人沟通，你不妨也多用一些形象生动的语言或直抒胸臆的语句，千万不要干巴巴地讲道理，他很可能是听不进去的。

如果对方是一个新新人类，开口闭口就是“哇，太棒了”“简直酷毙了”，你却对他说“古人曰，有朋自远方来……”“此话差也……”对方会是什么反应？当然是扭头就走。这还用问吗？一听就不是一路人嘛。

说对方乐于接受的轻松话题

俗话说：“到什么山唱什么歌，见什么人说什么话。”这话不假，会说话的人，要看对象，根据对方的喜好、兴趣，说对方感兴趣的话题。

威森是一位活力四射的小伙子，对工作兢兢业业。他的主要业务是向服装设计师和纺织品制造商推销一些花样设计的草图。曾经在一连三年的时间里，威森每个星期都去纽约拜访一位著名的服装设计家。“他从不拒绝接待我。”威森说，“但他也从来不买我的东西。他总是很仔细地看看我的草图，然后说：‘不行，威森，我想我们今天谈不成了。’”经历了150次失败后，威森开始分析自己的沟通方式。他下定决心，在每个星期中抽出一晚来研究与人沟通的哲学，以改善自己的交际能力。

不久，威森开始尝试一种新方法。他随手抓起6张设计师未完成的草图，冲入一位买主的办公室。“如果你愿意的话，希望你帮我一个小忙。”他说，“这是一些尚未完成的草图。能否请你告诉我，我们应该如何把它们完成才能对你有所帮助？”这位买主默默地看了那些草图一会儿，然后说：“把这些图留在我这儿几天，然后再来见我。”

三天以后，威森又去了，从那位买主那里获得了某些建议。他取了草图，回到画室，然后按照买主的意思把它们修饰完成。结果，买主这次竟出人意料地全部接受了他的产品。

所有的这些草图都是根据买主的想法完成的——而威森却净赚了不菲的佣金。“我现在明白，这么多年来，为什么我一直无法和这位买主做成买卖。”威森说，“我以前只是催促他买下我认为他应该买的东西。

我现在的做法正好完全相反，鼓励他把他的想法告诉我。他现在觉得这些图案是他创造的，确实也是如此。我现在用不着去向他推销了。”

从那时候起，买主又订购了许多其他图案。而且，他们相互成了知心朋友。不仅如此，这位买主还把威森介绍给了他的其他朋友，使得威森的业绩每段时间都有一个新提高。

威森之所以起初没有得到这位客户，是因为他没有了解客户的性格特点，在经过多次尝试之后，他才摸透了客户的心理，于是用向其寻求建议的方法谈成了交易。其实，如果威森在去推销前，就做好充分的准备，对他的性格特点了如指掌的话，这笔生意应该早就做成了。

不久前，陈先生出差住在一家旅店。一个先他住下的人已悠闲地躺在床上看电视，陈先生放下旅行包，稍拭风尘，冲了一杯浓茶，边品尝着浓茶边问道：“师傅来了好久了？”“先来一会儿罢了。”陈先生又说：“听你说话的口音不是苏北人吧？”“噢，山东枣庄人！”“啊！枣庄是个好地方啊！小时候就在《铁道游击队》连环画上看过这个地方，三年前去了一次枣庄，还颇有兴致地玩了一遭呢。”

枣庄的那个人听到了这些话马上来了兴趣，二人从枣庄和铁道游击队开始谈起来了，那亲热劲儿，不知底细的人恐怕还以为他们是一道来的呢。紧接着就是互赠名片，一起去吃饭，睡觉前双方居然还在各自身边带来的合同上签了字：枣庄的客人订了陈先生的造革厂的一批产品；陈先生从枣庄的客人那里弄到一批价格比较合理的议价煤。

他们的相识、交谈与成功，完全是取决于找到了“枣庄”“铁道游击队”这些双方感兴趣的话题，这就是谈话的突破口。

古人云：“世事洞明皆学问，人情练达即文章。”那么如何才能洞明世事，练达人情呢？至少要掌握察言观色这一基本技巧。不会察言观色，就好像不看风向水流向便去转动舵柄，不仅世事圆融无从谈起，弄不好还会在小河沟中翻了船。反之，如果能够准确窥知到对方的真实意图，就可做到有的放矢、随机应变。

一个人的心理状态、精神追求、生活爱好，多少会在他的表情、服饰、谈吐、举止方面有所体现，只要你仔细地去观察，就会发现你们的共同之处。

当然，察言观色要自己对此观念也有兴趣，还要同自己的情趣爱好相结合，打破沉寂的气氛才有可能。要不然的话，尽管发现了共同点，也会无话可说，或者说了一两句就“卡壳”了。

互动的话最容易攻心

小路今年刚上大一，来到离家千里之外的城市，她感到有点孤独。在同学的鼓励下爱好英语的小路报名参加了学校的英语角社团。可是，社团里的人也都来自不同的系，她一时真找不到好朋友。

社长是一位大三的师姐，一次偶然的机会，她们坐在一起聊天。社长问她："学校那么多社团，你为什么选择报我们的英语角呢?"小路告诉她，因为自己从小就喜欢英语，在学校的时候，还经常参加英语比赛呢。社长听了显得十分高兴，说自己也是因为特别喜欢英语，所以三年前和几个同学一起办了这个社团，几乎把社团当成了自己的孩子一样经营，真是有喜有累啊。就这样，两人从英语聊开支去，越聊越投机，颇有相见恨晚之感，聊到后来居然发现，她们的家乡竟然是同一个地方。

共同的兴趣和经历，让这两位姑娘找到了相同的感觉。除了社团里的工作，两人在私底下也成为了好朋友。社长作为师姐，还帮助小路准备、参加了大学生英语演讲比赛，取得了很不错的成绩。小路也交了很多社团里的其他朋友，再也没有感觉孤独过。

其实，每个人都有自己喜好或关注的东西，找到对方喜欢的话题，便能抓住对方的心，拉近双方的距离。但是有些人却不明白其中的道理，尽管他们拥有很好的口才，但是在谈话的时候却一直把焦点放在自己身上，令听者很难产生兴趣，甚至产生厌恶，最终事倍功半。所以，在挑选话题的时候，应符合对方的心理需求，投其所好，这样才能真正引起对方的注意，迅速拉近彼此的距离。在这一方面，你不妨学习一下美国前总统罗斯福先生。罗斯福的语言和交谈技巧令全世界的人为之叹服。他去世之后，以前那些服务于美国白宫的工作人员几乎无一例外地表达了对这位前总统的哀思。在他们的眼中，罗斯福无疑是一位极具亲和力的总统。而事实上，这也是很多见过罗斯福的人对他共同的印象。曾经与罗斯福有过数面之缘的贾玛利·布瑞夫先生说："无论对方是个驯马师、牛仔，还是个政治家、外交官，总统先生都能和他们相谈甚欢。"事实上，罗斯福之所以能够令交谈对象觉得满意，一个很关键的因素就是他在接触某个人之前，总要先了解这个人的相关资料，这样在谈话的时候就可以有的放矢，迅速赢得人心。或许我们做不到在聊天之前先去调查一下对方的背景资料，但可以在观察和聆听对方说话的时候找到他的兴趣点，并在聊天过程围绕着他喜好的话题展开讨论，这样便可以与他相谈甚欢。

那么，面对一个刚刚见面的陌生人，怎样迅速找到他的兴趣点呢？如果没有事先的了解，我们可以对对方的行为举止、表情、服饰等方面进行细心观察，得到一些有用的信息。例如，一个穿着精致的女士轻轻掸一下她的衣服——这样的细节随处可见，它所传达给我们的信息就是这位女士很重视穿着打扮，并对此有一定的心得体会，所以，在交谈的时候便可以向她请教一些时尚方面的问题。同样如果一个人眉飞色舞地谈论他的旅游见闻，你就可以以旅游资讯作为聊天的话题与他展开讨论。当然，如果一个人性格含蓄内敛，从细节不太容易观察出他的喜好，那么临时向别人打听一下他的身份背景，也是一个很不错的办法。

除了从喜好方面着手之外，随处可见的资源也可作为“媒介”来拉开一次聊天的序幕。譬如，看到对方牵着小狗散步，你便可以走上前去，赞美这条小狗“模样可爱”，接下来便可以很自然地从聊狗到聊养狗，再聊到工作、其他情况等，在聊天中彼此间的距离就渐渐地拉近了。

当然，如果和一群人坐在一起谈话，那么所选择的话题就应该照顾到大家的兴趣。比如，男孩子们喜欢谈论新闻时事、体育见闻，而女孩子们则比较喜欢聊时尚潮流、休闲娱乐等，以这些作为交流的话题，便可以很好地调节气氛。

照顾他人的感受，才能达到互动的目的

刘墉在《萤窗小语》中有这样一句话："得意人前勿谈失意事，免得毫无反应；失意人前勿谈得意事，免得予人伤害。"就是说与人交谈要照顾对方的感受，不能信口开河、天马行空。否则，不仅达不到说话的目的，反而会激起听话者的反感。

有一个人请客，但过了约定时间很久，还有很多客人没来，主人心里很着急，"为什么该来的客人还不来，真是的！"一些客人听到了，心想：该来的客人没来，那我就是不该来的喽？于是悄悄地走了。主人看到又走了好几个客人，越来越着急，连说："怎么这些不该走的又走了呢？"剩下的客人一听，又想：如果走了的是不该走的，那我就是该走的喽！于是又走了几个。最后剩下了一个客人。主人的妻子说："你说话前应该先考虑一下，否则说错了，就不容易收回来了。"主人说："不是呀，我并没有叫他们走啊！"最后一个客人听了，便想：既然没有叫他们走，那就是我该走了。于是头也不回地离开了。

这个故事告诉我们，说话要照顾对方的感受，胡乱说话会让别人听了不舒服的。

即使是亲密无间的朋友，说话也不能口无遮拦，不考虑别人的感受。有些人之所以说话惹人恼，都是因为说话时不顾及别人的感受，不将别人放在心上。

当你看到一位身材肥胖的女同事，大声地询问她："哟，你又

长胖啦？你老公都弄什么给你吃，把你喂得这么肥啊？”我相信，你的女同事心里一定对你很不爽，说不定会立刻和你翻脸哩。

一位刚刚失去亲人的朋友正处于悲痛之中，如果你冒失地说：“最近过得如何，开心吗？听说电影院上映了一部喜剧大片，要不要哪天咱们一起去看看。”想一想，此话一出，你的朋友会对你有什么感觉？

新娘子在婚礼上穿了一件不太合适的衣服，聪明的人是不会去批评新娘的。如果你不注意场合，和周围的人议论新娘子的衣服：“哎呀，她这身礼服剪裁真不错，可就是颜色看着很不合适……”你的话不仅会让当事人对你不爽，甚至就连旁边的客人也会觉得你这个人不解风情，大煞风景。

所以，在与人沟通交流时，我们要善用同理心，要照顾对方的感受，在必要的时候，及时打住不该说的话。那么，我们怎样才能做到照顾他人的感受，从而达到互动的目的呢？

1. 说话要照顾对方的时间

你有时间天南海北侃大山，可是，对方不一定有时间听。你的嘴巴有表达的冲动，可是，也要看对方的耳朵有没有倾听的冲动。与人交谈，一定要照顾对方的感受，还要照顾对方的时间，看对方是闲暇还是忙碌。如果对方很忙，时间很紧张，那么，你就闲话少说直奔主题，说话做到简明扼要。你若不知趣，没眼色，自顾自地海阔天空，根本不管对方是不是已经在频频看表了，你仍旧意犹未尽，那就让人讨厌了。但是，话又说回来，如果在一些需要发表看法和见解的场合，你却惜字如金，半天说不出一句话，或者，草草讲几句敷衍了事，也难免让人觉得扫兴，索然无趣。总之，是说得短小精悍、言简意赅，还是说得丰富完善、论据充分，要取决于听话人的感受和时间度。

2. 说话要照顾对方的时机

一位老板正在和客户谈生意。就在谈得差不多的时候，这位老板的朋友来了，并且毫不见外、声情并茂地开始讲自己刚才在大街上看到的热闹事。老板使劲儿给他使眼色，要他不要继续说下去了，可是，他仍然滔滔不绝并且一发不可收拾。客户有些不耐烦了，对老板说："你先跟朋友聊，咱们改天再谈合同的事儿吧。"说完就走了。老板的生意就这样被朋友搅黄了。

虽然每个人都有情不自禁地想表达自己的愿望，但如果不照顾对方的感受，不分场合与时机，很可能会引起对方的不快，有时甚至会产生不必要的误会。

3. 即使是正确的话，也不要过度重复

如果是一个怨天尤人的人，他每天对别人重复着同样的话，那就是抱怨；如果是一个喋喋不休的家长，他每天对孩子重复着同样的话，那就是唠叨；如果是一个爱教训人的领导，他每天对下属重复着同样的话，那就是说教……不管是什么人，每天重复同样的话，即使是正确的，即使是真理，听话者也不会同情和接受，而只会无比厌烦。因为他们没有照顾对方的感受，把对方的耳朵当成垃圾桶，给对方倾倒着没有价值的废话。

4. 弦外之音更能让人接受

一个小职员到上司家里请求上司帮忙办事。上司的太太很热情地招待了他，给他端茶倒水，让小职员感到很亲切，竟然在上司家里滔滔不绝地和上司聊起来。这时候，天色已经很晚了，上司的孩子要早点睡觉，第二天还要上学，上司的太太也已经很疲倦了。但是，小职员毫无眼色，仍旧热情洋溢地说个不停。

如果这时候直接下逐客令显然是不合适的，那么，怎样才能既照顾对方的感受，又能达到说话的目的呢？上司的太太是这么做的：上司的太太到厨房去收拾了一下果盘餐具，然后回到客厅对先生说："人家这么晚来找你办事，你赶快给人家想出解决办法，别让人家一直等着，这天都不早了。"然后，她对小职员说："要不你再喝一杯茶吧，别着急啊。"这个小职员听了上司太太的话，当然懂得话里的玄机，马上起身告辞了。

5. 把"但是"变成"而且"

几乎所有的人都认为批评或指责别人的时候，先赞美对方一番，然后来一个转折"但是"，再开始批评指责，别人会比较能接受"但是"后面真正的语义。比如，很多家长都喜欢这样批评孩子，以为这样说会比较高明："孩子，你最近的学习成绩进步了不少，我们都为你感到高兴。但是，如果你学英语能够再努力一些的话，就更好了。"孩子在听到前半句的时候一定会感到很开心，而听到"但是"之后，他可能会立刻怀疑家长表扬的可信度。他很可能会认为，之前的赞扬只是为了后面的批评。

其实，如果我们想照顾到对方的感受，让对方真心地接受，我们只要改变两个字就会收到意想不到的效果。我们只要用"而且"换掉"但是"就行了："孩子，你最近的学习成绩进步了不少，我们都为你感到高兴。而且，只要你再努力一点学英语的话，你的总成绩一定会更高的。"这样说，孩子就会满心欢喜地接受表扬了，因为后面没有批评等着自己。

揣摩对方的心理，从对方得意处切入

每个人都是独立的个体，内心深处的所思和所想也是不尽相同的。在人际交往中，要想让别人放弃自己的坚持而认同你的观点，就必须先攻克对方内心世界的碉堡，这个时候需要你揣摩对方的内心，从对方得意处进行互动，让对方心甘情愿地为你效劳。

历史上，隋朝著名的大臣封伦就是一位特别善于揣测人心的高手。封伦在隋朝覆灭后，归顺了唐朝。成为唐朝臣子的他有一次跟随唐高祖李渊微服私访，在途中经过秦始皇的墓地骊山，看着这座曾经气势恢宏、绵延不断、风姿卓绝、珍宝遍地的陵园在楚汉之争后被破坏殆尽，徒留下一地残砖碎瓦，冷冷清清，李渊不禁感慨道："千古一帝王，耗尽了国家财力和万千百姓的汗水，如此大规模地修建陵园，有什么意义！"

候在一旁的封伦听到李渊的话，顿时明白这位君王并不赞成大规模的厚葬。曾经以自家建筑奢侈而自鸣得意的封伦闻言立刻迎合道："自古以来上行下效，一代影响一代。自从秦汉两个朝代的帝王将相实行厚葬，上至朝中大小官员，下至坊间黎民百姓纷纷效仿，坟墓里埋下诸多珍奇异宝，到最后往往落到了盗墓贼的手中。如果一个人死后无自知，厚葬岂不是白白地浪费吗？如果人死后有自知，知道丰厚的葬品被后人挖掘一空，难道就不痛心吗？"

封伦的话说到了李渊的心坎儿上，他对封伦大加赞赏，自此昭告天下："从今以后，我朝自上而下，实行薄葬！"

你看，一个交际高手必定是善于揣摩对方得意的地方，结合对方所在的环境等各项因素，进行灵活应变。封伦无疑是揣摩人心的高手，他抓住了李渊的得意之处——喜爱简约的作风，站在这个角度说话，听起来自然推心置腹，让人身心舒畅。

某公司老板陈先生在资金周转上遇到了麻烦，本打算向银行贷一笔款，但却遭到了银行的婉言拒绝。万般无奈下，陈先生只好去找某纺织公司董事长朱先生帮忙。朱先生为人非常吝啬，照常理推断，陈先生从他那里是绝对借不到钱的，不过陈先生还是想去试试。

陈先生深知，如果用一般的方法向朱先生借钱，将会毫无希望。经过一番揣摩后，他打电话给朱先生，约好了见面的时间和地点。

到了约定的那天，陈先生很早就搭车前往，在离朱先生家还有150米时，他就下了车，然后快步跑向朱先生家。当时正值夏季，陈先生跑得满身大汗。朱先生见了他，非常诧异地问："咦！你怎么搞的？"

"我怕赶不上约定时间，只好跑步赶路！其实我很早就出门了，是坐公共汽车来的，不过，因为路上发生了车祸，便耽误了一些时间。但是，我又怕时间来不及，只好下车跑来了，所以才会满身大汗的呀！"

"怎么不坐计程车呢？"

"怎么？您不知道我是个吝啬之人吗？我怎么会去坐计程车呢？坐公共汽车既便宜又方便。父母赐给我的这双脚最好了，碰到赶时间的时候，只要用它跑就可以，既不花钱，又可强身，多好呀！我这种吝啬的人，哪会像你们大老板一样开私家车呢?”事先，陈先生已经调查过，知道朱先生没有私家车。

“我也很小气啊！所以，我没有私家车。”朱先生谦逊地说。

“您那叫节俭，我这叫小气，所以才有‘小气鬼’的绰号。”

“但是我从来没听说过你是这种人。其实，我才真的被人认为是吝啬鬼呢!”

“朱先生，人不吝啬的话，是无法创业的。所以，人不能太慷慨。我们做事业的人，都是向银行或他人贷款来创业的，当然应该节俭，千万不能随便地浪费钱啊!”

“我们要尽量地赚钱，以便报答投资者。钱财只会聚集在喜欢它、节省它的人身上……我经常对下属这么说。”

陈先生的这些话，使朱先生产生了共鸣。于是，朱先生一反常态，轻易地把钱借给了令他觉得相见恨晚的陈先生。

如果你是一个会说话的有心人，那么在求人时，可以效仿陈先生，先揣摩对方的心理，顺着对方的得意处说起，结果肯定会有所收获。其实，谈及对方得意的地方，实际上就是对对方人生价值的肯定，有谁不喜欢自已得到社会承认呢？看到他人的闪光点，既是对奉献者的尊重又是我们每个人应有的社会责任和良知。

避免冷场，巧妙引出新话题

很多人在和陌生人交流的时候，因为事先并没有时间和精力去了解对方，因此在交流中往往会出现冷场的局面，这种局面令大家都很尴尬，因此，我们有必要在适当的时候引出适当的话题，既能让对方明白你的意思，又不至于让双方都变得很尴尬。没话找话说的关键是要善于找话题，或者根据某事引出话题。因为话题是初步交谈的媒介，是深入细谈的基础，是纵情畅谈的开端。没有话题，谈话是很难顺利进行下去的。

茱莉和艾伦是同事，但是互相都不太熟悉，礼拜一早晨，她们聊了起来。

茱莉说："上个周末我家可热闹了。我的父母，还有姐姐一家三口，在我家玩了一整天，我又是做饭，又是陪他们玩，他们走后，我又把房间收拾了一遍，可把我累惨了！真想好好休息一下。"

艾伦说："真是够累的！但是上个周末，我生病了，所以我什么也没做，就在沙发上躺着看电视了，昨晚我看了一场台球比赛，奥沙利文的斯诺克，打得太棒了！真是大饱眼福……"

茱莉说："真的吗？……可惜我错过了……我其实更喜欢音乐，我看了关于爵士乐的录像，我十分喜欢那一类音乐。"

谈话就此结束，两个人都觉得很是郁闷，茱莉对台球知之甚少，当艾伦谈到台球比赛时，她感到不舒服，觉得自己很无知，如果继续这个话题，她的这些缺点将暴露无遗。所以，她改变了话题，结果造成了冷场，彼此都觉得很尴尬。

如果你能巧妙地接答对方的话茬，可以把原来的话题引向另一个话题，使谈话转变一个角度继续进行下去，那么，场面就会很快热闹起来。

刘娜是公司负责某一地区的销售业务员，公司为了加强和客户之间的联系，特举办了一年一度的"工商联谊会"。公司安排刘娜在会议期间陪同她的客户顾某，她们路过一家商场，谈起了商场销售情况。末了，顾某深有感触地说："现在，市场竞争够激烈的。"刘娜接过她的话茬儿说："就是，在你们单位工作的业务员也不少吧？"

就这样刘娜既能把话题延伸下去，同时又使话题朝向有利于自己的方向发展。

孔子说："道不同，不相为谋。"只有志同道合，才能谈得拢。有许多一见如故的美谈，陌生人要能谈得投机，要在"故"字上做文章，变"生"为"故"。

要做到变"生"为"故"，首先得看准情势，不放过应当说话的机会，适时插入交谈，适时地"自我表现"，以便让对方充分了解自己。交谈是双边活动，光了解对方，不让对方了解自己，同样难以深谈。陌生人如能从你"切入"式的谈话中获取教益，双方自然会亲近。

许女士到医院里就诊，坐在候诊大厅里，邻座坐着的一位大姐很健谈，大姐主动问她："你是来看什么病的？听口音不像本地人，你老家是哪里呀？"当她得知许女士是山东青岛人时，很高兴地说："青岛非常美，我以前出差多次去过……"许女士便问："那您在什么单位工作呀？"于是她们亲切地交谈起来，等到就诊时，她们已经是熟悉的朋友了，分手时还互邀对方到自己家里做客。

熟悉的事物总能唤起人们心中的温馨感和怀旧情绪。当你与陌生人交谈时，如果光说一些对方知之甚少的话题，只会使两个人更加疏远；相反，如果能根据对方的背景，多谈一些对方熟悉的事物，则能够勾起对方的回忆，使其"爱屋及乌"，从而对你产生亲切熟稔之感。

另外，初次的会谈往往因为谈话主题结束，或是因为话不投机而使谈话突然中断，这时女性朋友可以利用身边的事物为话题。其实话题是很容易发掘的，例如“你家小狗好聪明呀!”“这地方的装饰真别致!”只要你多用心去观察，身边的一草一木都可以成为话题，这些话题不但轻松自然，还可以拉近你与对方的距离，增进亲切感。

第三章
说服要真诚，用语言牵着对方的鼻子走

说服在生活中应用极为广泛，让对方心服口服，事业人生就极好掌握，还能加强社交友谊，让周围的人对你尊重。大多数的事情都是靠说服办成的。说服有技巧，应注意的地方要注意，同时还要有自己的主见，更重要的是，一定要把话说到点子上。只有那些会说服别人的人，才能用语言牵着对方的鼻子走。

看清说服的对象，做到心里有数

所谓说服，是指人们利用自己的口才，很好地向对方说理，使对方接受自己的观念，并改变对方态度、行为的一种深具影响力的沟通行为。说服的最终目的是要将你与对方的需要、愿望相结合，所以，你首先要做的，就是要了解对方的需要、动机以及喜忧，这样才能更好地说服对方。

一个周末的傍晚，许多青年男女伫立街头。他们中间有不少人是等待与情侣相会的。有两个擦鞋童正高声地叫喊着以招揽顾客。

其中一个喊道："请坐，我为您擦擦皮鞋吧，又光又亮。"

另一个却喊道："约会前，请先擦一下皮鞋吧。"

结果，前一个擦鞋童摊前的顾客寥寥无几，而后一个擦鞋童的喊声却收到了意想不到的效果，一个个青年男女都纷纷让他擦鞋。

同样是擦皮鞋，究竟是什么原因导致了两种完全不同的结果呢？

从上文中，你可以知道，第一个擦鞋童尽管礼貌、热情，但他显然没有了解到此刻青年男女们的心理，黄昏时刻，天即将黑下来，皮鞋擦得又光又亮也没人看，而且谁又愿意为擦鞋而擦鞋呢？与他相比，第二个擦鞋童显然是一个口才高手，一句"约会前，请先擦一下皮鞋"，无疑说中了此刻青年男女的心思，在浪漫的约会即将开始的时刻，谁不愿意以干干净净、大大方方的形象出现在自己的爱人面前呢？可见，这名聪明的擦鞋童，借着“约会”的东风，成功地说服了人们光顾他的生意，他的成功，是因为他非常透彻地了解了年轻顾客的心思。

有一位歌星特别爱摆架子，有一次要参加一个大型义演的现场节目，时间是晚上九点。可是到了七点，这位歌星忽然打电话给唱片公司的经理，说她身体不舒服，喉咙很痛，要临时取消当天的演出。

这位经理听完歌星的话，并没有生气，而是用惋惜的口吻说：“咳！真可惜，这次义演只有大牌歌星才会有机会亮相，如果你现在取消倒没什么，反正公司里还有很多小牌明星挤破头要参加。可是如果换了人，电视台一定会不满，以后类似的活动可能你就不会受到邀请了。娱乐圈有那么多后起之秀，别人想取代你也不是不可能。唉！你还是好好休息吧。”那歌星听后小声地说：“其实我病得也不是特别厉害！要不你八点来接我，我想那时我的身体应该会好一点儿吧。”

其实这位经理很了解这位歌星，她根本就没什么病，只是喜欢摆摆架子，因此，他找准了对方拒绝的真实原因，进而有针对性地进行说服，结果他成功地说服了这位歌星。

如果你要运用口才说服他人，首先就必须透彻地了解对方的想法，只有对别人的思想、感觉、看法了解得越清楚，你的说服力才越强，才越能够替别人剖析疑难、指点迷津。你可以从以下几个方面人手：

1. 了解对方的性格

不同性格的人对同一事物的接受程度是不一样的，如果对方是急躁性格，你可以用激将法来说服对方；如果对方是稳重性格，你可以向他剖析利害关系；如果对方有些自负，那么适当的赞美也可以达到说服的目的。可以说，掌握了对方的性格，你就可以按照他的性格特征，有针对性地进行说服。

2. 了解对方的长处

一个人关心、了解的往往是自己最擅长的领域，如有的人喜欢养花养鸟，享受生活；有的人喜欢舞文弄墨，陶冶情操；有的人擅长商场拼杀，享受工作的乐趣等。那么，你们在说服不同的人时，就要从对方的长处入手，这样既能与他产生共鸣，得到对方认同，也更容易说服他。

3. 了解对方的真实想法

有时候，当你说服别人陷入瓶颈时，无论怎样动之以情、晓之以理，对方就是不为所动，这时你就要认真地思考一下。如果一个人一直坚持某种想法而不改变主意，那么他一定是有更深层次的原因。因此，你要设法了解对方当时的情绪是否受其他原因影响，只要找到影响对方的真实原因，真正了解对方的苦衷，就能有针对性地加以解决。

打个比方给人听，更能说服对方

中国人说话喜欢打比方，因为比方打得好，就能轻易让对方明白你所说的话，而要说服别人也会容易得多。

《宋诗选注》是钱钟书的著作，在这部著作里，钱钟书没有选择宋代著名诗人叶适的诗，而是选择了“四灵派”小诗人徐玑的诗。

叶适的诗在当时比徐玑的诗出名多了，可是钱钟书为什么不选他的诗呢？钱钟书是这样解释的：

叶适号称宋儒里对诗文最讲究的人，他的诗虽然竭力炼字琢句，可是语气不贯，意思不达，不及“四灵”派小诗人徐玑，还有那么一点点灵秀的意致。

所以，叶适尽管是位“大儒”，却并不能跟小诗人排列在一起。这仿佛麻雀虽然是个小鸟，飞得既不高又不远，终不失为飞禽，而那庞大昂然的鸵鸟，力气很大，也生了一对翅膀，可是绝不会腾空离地，只好让它跟善走的动物赛跑去吧。

这些话说得巧妙，令人不得不服。作者在讲了理论之后，又以麻雀和鸵鸟做比喻，让人们明白为什么用小诗人徐玑的诗而不选大儒叶适的诗。这一比喻使得道理更加明白易懂。

有位牧师到非洲传道。有一次，牧师给非洲的土著居民宣讲《圣经》，人们聚精会神地听着。当他念到“你们的罪恶虽然是深红色的，但也可以变成像雪一样白”时，人们纷纷议论起来：什么是雪呀？

牧师愣住了！是呀，这些人常年生活在热带，热带是不下雪的，他们怎么知道雪是什么样子呢？当然也不知道雪的颜色了！那应该怎么给他们解释像雪一样白呢？对了，他们吃的椰子肉不是白的吗？我何不用椰子肉来比喻呢？

于是，机灵的牧师便将那句话改为：“你们的罪恶虽然是深红色的，但也可变成像椰子肉一样的洁白。”

“雪白”虽然很形象，可是由于对象不同，牧师不得不用“椰子肉的洁白”做比喻。牧师的这个比喻，虽然对上帝有点不敬，但可以让当地人信服，明白可以通过忏悔让自己的灵魂变得洁白。

有一次，庄子穷到了揭不开锅的地步，走投无路之下，庄子只好硬着头皮去监理河道的官吏家借粮。

监河侯看见庄子上门求助，于是很爽快地答应借粮。他说：“可以，等我收到租税后，就立刻借给你300两银子。”

庄子听完后很生气，他愤然地对监河侯说：“我在来的路上，听到求救声。但是环顾四周却不见人影，仔细观察，原来是一条鲫鱼躺在干涸的车辙里。”

庄子叹了口气说：“鲫鱼见到我，以为见到了救星，立即向我求助。它说它来自东海，不幸掉进了车辙里，无力自拔，眼看就要干渴而死，于是请求我给它点水，救救它。”

听到这里，监河侯问庄子是否救了鲫鱼。庄子叹息说：“我答应救它，但是我说，要等我到南方去，说服吴王和越王，请他们把西江的水引到车辙里，然后把它接回东海去。”

监河侯对庄子的做法很不解，甚至觉得很荒唐：“那怎么行呢？”

庄子说：“是啊，鲫鱼听完我的话，很生气地说：‘我现在离开了水，没有地方可以安身，需要几桶水解决目前的困境，而你却说要引西江的水来这里，全是空话，你还没到达南方，我已经成了鱼干了。’”

监河侯这才明白庄子是在说自己，于是连忙道歉，并且立即为庄子装了一袋粮食。

庄子就巧用鲫鱼自比，把自己愤怒的心情通过鲫鱼的口表达出来，并轻松地改变了监河侯的态度，从而达到了说服监河侯借给自己粮食的目的。如此精彩的比方，帮庄子解了燃眉之急。试想一下，如果庄子在听到监河侯的话后，愤怒地指责他，或者干脆胡言乱语，随便骂他一通，庄子会借到粮食吗？

所以在说话的时候，适时地打个比方，会使复杂和抽象的东西变得简单、变得具体。这样一来，别人就能更好地理解你的意思。这较之言之无据地说胡话，自然会更精彩，也更有说服力。

找出话题，作为说服基础

爱好摄影的人都知道，直接拍摄被聚光灯照得发亮的演员，会曝光且完全看不出被拍摄的人物。要拍摄出清楚美丽的照片，必须采用部分受光的技术，配合被摄物体的曝光程度而拍摄。说服他人也是同样的道理，必须找出适合说服对方的方法。换言之，必须想要以怎样的角度去接近对方较好。预先探查对方是个什么样的人，收集一些关于对方的资料，就能在事先准备好如何接近他的方法；事先准备要说的话，这样就不会慌乱了。

如果要说服这个人，那么须事先搜集有关其兴趣、简历、家族成员、出生地等资料；如果是说服公司的话，其经营状态、往来客户、其他的特点等，都要充分了解。若能多留心的话，应该可以收集到很多，将这些信息记录下来，活用到实际的状况上，这有助于了解对方，也可以借此引导对方理解我们。

有一位评论家曾愤慨地说："在这之前，有家出版社一直出版我的书，可是他们却从未认真看过我的书，他们常常这样要求我：'拜托你！什么都可以，写些东西让我们交差。'而我便常常无法招架而任凭摆布。但是他们认为‘原稿的内容无关紧要，什么都可以’的想法，实在是太失礼了。”

可以理解这位评论家的感叹。有事相求对方的时候就该仔细收集任何有关他的资料，这是一般的常识。

比如说：“读了先生你的作品，我大受感动，特别是其中精彩的论点，虽然我也曾试着仔细思考过，但一直存在有关相同的疑问。”如果这样说的话，对方会认为“这个人下功夫看过我的书”。虽然并不一定是如此，但是至少表示了对这本书的兴趣，这样一来，这位评论家也会有“再写下去”的心情。

1. 找出共通点

在收集资料的同时，也要找出和对方共通之处，一旦话题接不下去，还有可以继续交谈下去的“材料”可以说。

事实上，大家也有这样的经验。

有一位作者曾经与某出版社的主编多次进行出书条件的交涉。虽然试着想找到双方都能满意的条件，但是总觉得还是差了那么一步。

大概在交涉了七八次后的某一天，由于长时间的商谈，双方都感到疲倦，于是换了场所，到就近的一家酒馆内。主编是一个爱打保龄球的人，而作者也喜欢这个运动，所以坐下来时，作者先开口道：“上个周日，我到保龄球馆打球，可是手风很不顺，没什么战绩。”

话一说完，观察对方的反应，果然不出所料，主编便兴致勃勃地问：“什么？你也喜欢打保龄球吗？”

“我常常去打，虽然不擅长，不过却很热爱这种休闲活动。”

“哈！哈！其实我也蛮喜欢这玩意儿，几天不摸球就手痒痒。”

“战绩如何？”

“最高分是248。”

“哗！这可是专业水准了。”

一谈到感兴趣的话题，情绪就越来越高涨，不知不觉中互相约定下次一同去打球；而且还说了一句很关键的话：“这个约定和出版的条件无关，完全是两码事。”几天后，双方便签订了合同，而且是大致按照作者所希望的条件订立的。

在交涉的最初阶段，应该是以己方的条件为先行考虑的原则，但是事实上，往往无法就此达成协议。无论如何都务必互相试探彼此的真实话；这时候，彼此如果有共通点的话，就能够突破窘境，往前跨一步。

2. 了解对方所处的立场

时间可分为“物理的时间”和“心理的时间”。加班一到9点或10点时，总觉得已到了深夜而疲惫不堪。但如果换成打牌、饮酒，同样是到9点、10点，却不觉得夜已深了，更不会有疲倦的感觉。

客观世界里是没有什么变化的，但依自己的心理而定，却常有不同的感觉。所谓心理的时间，是指在当时心理状态的条件下，对时间的感觉。每个人所处的立场也列入条件之一。

有个上了年纪的老妇，和儿子媳妇住在一块儿，她说了这样一件事：一个星期天大约是9点的时候，从二楼下来的儿子，一手抱着孩子，一手替他穿衣服。见此情形，老妇心想媳妇也太不像话了吧！自己躺在床上要先生照顾小孩，真是过分。

另一个星期天上午，女儿出外旅行，这时她瞧见女婿在厨房里忙着弄饭给孩子吃。老妇人不由得感慨道：“女儿好幸福啊！”

迁就自己人往往就会从对自己人有利的方面去解释一切。

说服时，不考虑对方的立场，或是找些莫名其妙的解释来搪塞，都会使事情更难处理。“你真是个随便的人!”“难道你就不是吗?”上下级间之所以经常口角，不外是双方只考虑自己立场的缘故！要站在对方立场来说话，实在不是件容易的事。但是某位作家曾提出这样的论点：以对方的口气说出来。这个意见又将如何?

一个常在办公室抽烟的职员，曾经发誓戒烟，持续了一个月后，忍不住又去抽了。本来做上司的想：“不是说不抽了吗？怎么又开始抽呢?”但突然改口用这样的口气说：“戒烟可不容易啊，你能坚持一个多月，已经很不简单了!”部下听了一定会自生惭愧，心底暗下决心：坚决把烟戒掉。人对于能考虑自己立场的说服者，总会积极地协助他，因此说服者应时时考虑对方如何才能接受自己的说服。

说服别人有几个关键步骤，要抓住要点

要达到说服的目的，必须按部就班，一个阶段完成了再进行另一个阶段。这才是正确的策略，否则就成了命令、强迫了。你如果有“原来如此，那就试试看吧”的感觉，着手去做，那你就达到了说服的目的。总之，对方必须从心里完全了解事情的来龙去脉，真正认同、接受它，并且自主性地去行动，这才是按照说服的步骤，达到说服的目的。下面就来了解这步骤的顺序。

1. 理解

人之间的争吵不休，大多是由于互相不了解对方造成的。虽然一个人要完全了解另一个人不是件容易的事，但至少在“说服”这个情况下，两个人意见分歧的话，不但没有进展，甚至连基本的商量都无法达成。

首先，自己的个性、观念，要让对方了解，然后再了解对方的个性、价值观、想法。

之后，明确要说服的内容，内容要适当，不能完全掌握自己说话的内容，根本就不值得一提。

如果你觉得自己并不擅于说服别人，当然这其中包括很多原因，为了要更了解对方，以下这几点值得注意：

（1）要配合对方的立场、思考的方向。

（2）说话有条有理。

（3）使用浅显易懂的语句说明。

经常使用专门用语来解释专门的知识，不懂的人终究是门外汉，对方听得糊里糊涂的，就算是想要发问，却连问题都不知如何问起，避免麻烦起见，只好点头说：“嗯！嗯!”其实根本什么都不了解。

像这样没有配合对方的思想水准，即使说话再怎么有条有理，下属也依旧是听不懂。希望你能真正学会“对对方最初的了解是说服的第一步”这个基本原则。

2. 认同

连自己都无法认同的事，当然提不起热忱去做，更别说是要说服他人了。

打动人心还有一个最大的要素，那就是“热忱”。提不起热忱，也无法使对方产生认同，这世上没有不被热忱打动的人，因为这是人性的本质。

3. 简明扼要的说明是说服的前奏

要想劝服别人帮助你，则自己必须清楚整个事情的来龙去脉。如果有什么地方说不清楚，或暧昧不明，叫人从何帮忙呢？

所以说服时，首先有必要说明“为何要做这件事”“要说明些什么”“有关事项的情报或背景”。以下就是让对方了解的说服方法：

（1）明确性。言语要表达得清楚。说服极繁忙的下属时，由于说不清楚而被要求“重讲一遍”，这就不能算是说服成功。

“请你详细地说明一下好吗？”这话真是一针见血，明确的思维产生明确的说明，思考如不清晰，那么表现出来的也就缺乏明确性。因此有先在脑海中整理一番的必要。

（2）具体性。虽是条理清楚的说明，但若太过于抽象的话也不易让人了解。最好引用“比如”“举个例子”之类的具体性的说明。

不能适当地加以说明时，说服是很少能成功的。

说理应掌握方式，用事实说话是核心

说理之中的各方面问题均可以和说话的相关内容联系起来，说理只是说话中的一个方面，说话的技巧和策略完全可以用在说理之中。我们在前面用了一章的内容讲了说话的技巧和策略，在这里就仅仅增加两个方面，实则一个内容，那就是：用事实说话。这也是说话艺术中比较实际实用的方法。

1. 用事实说话

说理实际上就是议论，说理过程可以认为是口头的议论形式，写议论文最常用也最有效的方法就是事实论证。

议论文有论点、论据、论证，说理也可划分为这三个方面内容。说理往往运用的是驳论和立论的混合论证方法。说理的整个过程是：首先要驳倒对方的观点主张，然后再立起自己的观点主张。驳倒对方用事实，立起自己的观点也往往用事实。事实也就是论据，事实胜于雄辩，在说理过程中得到淋漓尽致的体现。

用事实说话，属于说理的一种方式方法，也是一种技巧和策略。

2. 运用事实说话应注意什么

（1）运用事实说话之前应该注意对自己的论点和主张及对方的论点和主张进行全面的、系统的分析。说理的过程中，事实是道理的依据，也是促使整个说理生动有力的媒介。驳斥对方的反论据事实，一定要成为自己论点的正论据事实，也就是说，为驳倒对方的论点而选择的事实不应该也同时把自己的论点否定了，最好是能论证自己的论点。要做到这一点，就要对自己所掌握的事实了如指掌，对双方的论点清晰透彻。

（2）用事实进行说理，应首先明确对方的观点思路，否则就可能会出现事实与某一方观点相抵触的情况。如果在说理中说理者的事实论据，又被对方拿过去驳斥说理者，这是最糟糕的。

（3）针对性强，对症下药。在具体的说服中，运用事实说话应该具有较强的针对性才行。针对症结，对症下药。

（4）优先选择类比推理，这也就是指采用有类比性的事实来体现说理的意图。类比性是说两个事物在类型、性质及具体的特征上相类似，它们之间是可以相比较的。摆事实、讲道理实际上就是指这种类比事实。通过事实，对方就可以产生相应的联想，进行逻辑推理，理也就不说自明了。

(5) 事实的论据选择应该正确、正面。这可参考下一小节事实的相关话题。

(6) 事实选择尽可能是典型的事件，也就是众所周知的，这会让对方很轻易地抓住你的理是什么。

以上列举了6项注意，具体问题应在说理过程中具体分析。用事实说话，是最具说理性的，在铁的事实面前，任何谎言和谬误都会现出原形，说理者必定是凯旋而归。

3. 有关事实的话题

常言道：摆事实、讲道理。但实际上常常是摆完事实，道理也就不说自明了，因此说事实是说理的最优良的武器，它的威力是无以匹敌的。同时也说明用事实说话，是说理的一种技巧和策略，它可以省去大篇幅的论理语言。道理讲得多了，并不见得有什么效果，但如果摆出一两个与道理相关的典型性例子，就会具有无法辩驳的说服力。事实面前，谁还能理直气壮地把错误观点和主张坚持下去呢？

既然事实如此威力无比，“攻无不克”，那么什么才是事实呢？这实际上是个很简单的问题，但却有着很深奥的东西。事实就是事例，它包括古今中外的所有的事例，如名人故事、民间故事、童话寓言、文学作品等等，还有生活里的典型事件。

之所以说它有着很深奥的东西，是因为要占有这些事实并不很容易，占有之后能够洞悉这些事例所隐藏的道理就更不容易。有时同一个事例却有几种道理隐藏其中，从不同的角度折射的道理就不同，但总归有一个最佳角度。说理中的事实选择也有如考场作文，选择最佳角度是首要的。有的时候，说理者选的事实可以说明道理，但不是相当贴切，说理的说服力不够强大。

事实也有两面性，事实的两面性表现在说理时如果运用得恰到好处，则会让你免去说理的艰涩及繁文缛节，但若运用不恰如其分，往往会让听者误解。因此运用事实说话要斟酌，运用事实说理，要注意事例的性质。

恰当地运用事实，的确可以收到事半功倍的效果。不讲道理，只说事实，就可以使道理更加透彻。

引经据典往往更具有说服力

经典之所以称之为“经典”，是因为它成功地经受住了时间长河的洗礼，被证明是权威的、令人信服的言辞和观点。因此，经典的说服力，几乎是毋庸置疑的。当然，也正是因为经典有着巨大的说服力，才经常被一向高明的谈话者引用在谈话中作为论据，以增加自己语言的说服力。这种引用，我们叫引经据典。

现实中有很多通过引经据典而使得别人认同的例子。

2008 年 5 月，俄罗斯新任国家元首梅德韦杰夫到北京大学演讲。他在礼堂内 600 余名北京大学师生代表面前，阐述了未来俄中发展战略合作关系的设想和希望。这位被称为“好引经据典”的元首，在演讲中就不时地从中国的传统文化中引经据典，比如，《论语》中的“学而时习之，不亦乐乎”，还有老子的“使我介然有知，行于大道，唯施是畏”，甚至连中国的俗语也引用到自己的演讲中：“中国有句话‘长江后浪推前浪，世上新人换旧人’。高等学府培养了一代代学者和思想家，他们肩负着科学、经济、政治、文化领域创造新成就的责任。”

梅德韦杰夫引经据典的演讲，为他赢得了北大学子们一阵又一阵如雷般的掌声。日常交流中，引经据典同样有着不可低估的作用。

肖青平时很喜欢阅读，尤其是对中国古代的诗词特别感兴趣，闲暇时背下了不少诗词。可令她没有想到的是，她有一天却因为这个缘故，而谈成了一个极其困难而且交易额巨大的业务。

那位客户是一名年过五十的中年男子，据说在经商之前曾是一所知名大学的教授，是一个非常冷静和理智的人。在肖青之前，已经有不少人跟他洽谈过，但是大多数都是折翼而归。而肖青在刚开始接触他的时候，他的表现也十分冷淡。

当时，肖青也觉察出了他的冷淡，心理不禁有了要放弃的念头。恰巧在那个时候，肖青想起了一句很贴和当时心情的诗词，于是脱口说了出来。那位客户在听后微微一愣，忍不住重新打量了肖青一番，当时也没有过多地说什么。

肖青原本以为这个案子完全没有任何希望了，可令她没有想到的是，几天后，她却意外地接到了那位客户打来的电话，并且在详细地了解了情况之后，就跟她签单了。

这令肖青感到有些奇怪，直到后来，她才从同事的口中得知，那位客户之所以选择跟她签约，就是因为她说出了那句诗词。

确实如此，在与人交往的过程中，要想在别人的心中留下一个好的印象，除了外在的形象之外，个人的文化素质也是一个重要因素。而文化素质则需要通过语言来体现，正确地引经据典，则可以成功地让自己的语言充满魅力。

当然，这就需要我们在引经据典时，要把握准确，千万不要因为错误地引用而适得其反。那么，我们在说话时该如何正确引经据典呢？

1. 先弄清原话的出处，不要张冠李戴

如果同一句名人名言，可能有许多名家都引用过，那你在引用的时候一定要追根溯源，应该用最早的那位名人说的话。或者某句名言明明是这个人说的，你却把它说成是那个人说的，那就贻笑大方了。引经据典，最忌讳的就是张冠李戴。比如，部尔卫说的“人所缺乏的不是才干而是志向，不是成功的能力而是勤劳的意志。”你就不能把它当作是爱迪生说的，否则就可能导致整个说话过程的失败。

2. 要全面领会原文，不要把意思弄反了

因为同样是说一句话，原著者的意图可能是讽刺，是反意，当然也有可能乍一看上去是反意，但仔细一品味却是褒义。如果你在引用的时候没有弄清楚原著者的本意，就随意地拿过来用，很容易歪曲原意，这对于说话目的也很不利，容易被人驳倒。因此，在引用之前，一定要仔细分析原文的意思，弄通弄懂之后才能加以引用。

3. 尽量引用原文，不要以讹传讹

事实上，随着时代的发展，文化的变迁，经过时间的洗礼，有很多经典的话，如今已经出现了许多不同版本的说法，这就要求我们在引用时，要尽量地引用原文，不要以讹传讹，防止出错。

忠言顺耳更利于行

很多人在规劝朋友的时候，往往认为两人的感情足够好，所以说话大都很直白，即使是在朋友万分伤心的情况下也不能将语气放得委婉一些，而这样做却往往让朋友更加难过，甚至会伤害友谊。既然是规劝朋友，就一定要柔和一些，不要把原本的好心演变成一场毫无感情的说教，起到相反的效果。你一定要记住，有时候顺耳的良言比逆耳的忠言来得更为有效。

白灵是某文化公司的总经理，她发现女助理在工作中经常出现差错。一天早晨，女助理来向她请示工作，白灵便对她说道："艾嘉，你今天的妆容真精致，显得整个人十分精神，非常符合你的气质。"艾嘉感到受宠若惊，白灵接着说道："但是你不能骄傲，我相信你的工作能力也能和你的化妆技术一样棒！"果然，从那以后，艾嘉在工作中很少出错了。白灵的老公见她再也没有抱怨过助理的工作，于是好奇地问她想出了什么方法。白灵说完之后，老公连连称妙，并问她是怎么想出来的。白灵说："这很简单，你每次去理发店刮胡子的时候，理发师都要先给你涂上肥皂水，目的就是为了刮起来让你不疼。"

往往我们在规劝朋友的时候，总是抱着"良药苦口、忠言逆耳"的观念。殊不知，良药若是苦得让人难以入口，功效从何而来？比如有些人在规劝朋友时，总爱无师自通地摆出一副"恨铁不成钢"的模样，张口闭口"瞧你这德性"，"我都不知道该怎么说你了”，“我再也不想理你了”之类的话。经常一开口，就让被批评者心不服、气不顺、产生逆反心理，甚至拒绝倾听。到后来，还有可能使被批评者“奋起反击”，结果双方势同水火，酿成一场大战，反目为仇。碰到这种情况，批评者可能会认为对方“狗咬吕洞宾，不识好人心”，被批评者也可能会指责对方“你是哪根葱，凭什么教训我?”这种情况的产生，关键在于批评者下“狠药”、开“苦口”的方法不得当。

每个人都希望得到他人的尊重，即使是在犯错误的情况下，也希望保留自己的尊严，因此，我们在规劝他人时也别忘了这一点。良药未必都要苦口，忠言也不一定非得逆耳。把规劝别人的话，讲得动听一些，利己又利人，何乐而不为呢?

唐太宗李世民有次扬言要杀掉敢于触犯龙颜的魏征，长孙皇后听说后十分着急。如果她用逆耳的“忠言”劝说李世民，李世民不仅不容易接受，反而使事情弄得更糟。会说话的长孙皇后取顺耳之言规劝李世民，她说：自古以来主贤臣直，只有君主贤明，当臣子的才敢直抒胸臆、有话就讲，今魏征敢于直言劝谏，全赖圣上贤明。李世民闻后龙颜大悦，打消了杀掉魏征的念头。

既然是忠言，就要起到忠言的作用。顺耳总比逆耳中听一些，也有利于忠言的实现。如果一上来就对别人猛下“虎狼之药”，在规劝时，什么话难听，就非跟人家说这些话不可，又怎能起到立竿见影的效果呢?

劝说朋友时，人们往往只强调动机的利他性和方案的选优性，而忽略了朋友接受过程的复杂性和说服方法的使用，想粗暴地“拿鞭子将对方赶入天堂”，殊不知，方法的不当恰巧抵消了动机和方案的优势。既然朋友不接受你的方式方法，他又怎能爱屋及乌，最终接受你的动机和方案呢?

因此，我们应本着“忠言顺耳更利于行”的原则向他人提建议，这样才能婉转地表达意思，让听意见的人容易接受，避免不必要的冲突，使大家能融洽相处。反之，如果你本着“忠言逆耳利于行”的方式对朋友进行“教育”，一定会让听者感到无比难受，结果往往会事与愿违。

交际是一门严肃的科学，是人生的必修课，仅靠古人的几句成语和社会上人云亦云的箴言是无法完成交际答卷的。只有以科学的态度对待交际，遇事具体问题具体分析，现实问题现实分析，才能找到问题的真正答案。聪明的人要记住了：即使是给他人提建议，也要讲求方法，绝不可以用“数落”“教育”的方式来让对方接受你的忠言，要让人心服口服，更多的时候，“忠言顺耳”的效果更好。

有些话不必直说

通常说来，有什么好的建议应从正面说，但是从人的心理角度考虑，那些固执己见的人，往往不容易接受正面直言劝导。如果同他争辩，双方不仅会弄得脸红脖子粗，不欢而散，而且还达不到说服对方的目的。我们可以直话不直说，需要用另一种方式表达出来。

一天，老王来到一家餐馆就餐，发现汤里有一只苍蝇，这令他很倒胃口。于是，他找来服务员，并质问他，可没想到服务员却全然不理，好像没听见他的抱怨一样。

后来，气愤中的他亲自找到餐馆老板，提出抗议："这一碗汤究竟是给苍蝇的还是给我的，请你解释一下。"

那位老板一听，把责任全推在服务员身上，于是，只顾训斥服务员，却全然不理睬他的抗议。

老王只得暗示老板："对不起，请您告诉我，我该怎样对这只苍蝇的侵权行为进行起诉呢？"

那位老板这才意识到自己的错处，忙换来一碗汤，谦恭地说："您是我们这里最珍贵的客人！"

说完，大家一起笑了。

我们不得不佩服老王的气度，很多人在这种情况下，势必会大发雷霆，当然，这样做对事情的解决毫无帮助。而老王虽然是有理的一方，却没有颐指气使，也没有对老板和服务员纠缠不休，而是借用所谓"苍蝇侵权"的比喻暗示对方：只要有所道歉，我不会追究。这样，老板也就明白了他的话，"苍蝇事件"自然也就在风趣幽默又十分得体的氛围中化解了，避免了双方的尴尬和窘迫。

《古今谭概》中记载了这样一个故事：

五代十国时期，南唐官府的税收很重，全国上下怨声载道，但敢怒不敢言。当时，都城金陵连续几年大旱，百姓们的生活更是雪上加霜，度日艰难。一次，南唐皇帝李煜视察国情时见到本地久旱无雨，便问道："为什么外地都下了雨，而偏偏京城不下呢？"这时，群臣中走出一人，姓申名潮高，弯身施礼后答道："雨不敢下到京城里来，因为它也怕被征税。"李煜沉思半晌，知道税收得太重了，不久，许多苛捐杂税便被取消了。

我们在生活中，对不同的人，不同的事情，都需要采取不同的说话方式。有时候直来直去的话很难让人接受，特别是谈一些不高兴或是别人忌讳的事，而换一个角度，委婉含蓄地把建议提出来，听者就会觉得很受用。这样，就容易解决矛盾，使人与人之间的关系更加和谐。

某公司的待遇相当不好，全公司职工苦不堪言。公司领导知道这种情况，但就是不愿意改善职工的待遇，究其原因，是他认为手下职员是庸才，不仅对公司不够忠心，在工作上也相当不努力，且多数都是兼职员工。

有一天，该公司的某位高级职员针对越来越严重的迟到现象对领导说："初级职员简直没法到公司办事！"

领导问："为什么？"

这位高级职员说："坐出租车吧，车费太贵；坐公交车吧，又苦于挤不上去；而且每月的交通费负担很重？"

高级职员叹了口气，一副毫无办法的样子。

领导接着说："以步当车，一文不费，而且可以借此运动身体，不是好办法吗？"

高级职员摇了摇头："不行，鞋袜走破了，他们买不起新的。我倒有一个办法，希望领导出一个布告，提倡赤足运动，号召大家赤脚走路上班，这个问题不就解决了吗？谁让他们命运太坏，生在这个时候？谁让他们不去想发财的门路，却当苦命的职员？他们坐不起出租车，也不能鞋袜整齐的到公司上班，都是活该！"

这位高级职员边说边笑，公司领导听了很不好意思，只好答应改善下属的待遇。

在这个例子中，该高级职员就是采用开玩笑的方式来劝说领导的。他没有正面劝说这位领导，而是用责备下属的语气尽情表露他们的苦衷，用反面的方式表达正面意思：公司待遇太低。在语气上是嬉笑，实质上是建议、是批评。由于比较委婉，不伤对方面子，对方容易听进去，一旦对方觉悟到自己的过失，就容易接受劝告，改变行为。让对方接受，我们还必须掌握三个基本功：

1. 把握局势

首先是能听出对方的话中话，然后加以揣摩，这其中观察的能力很重要。毕竟，交际生活中，很多人都喜欢用隐晦的语言，含沙射影地表达自己的弦外之音，即便是有恶毒之意也不容易听出来。再者，要想掌控交际局势，让对方接受你的暗示，你就必须站在有理的一边。

2. 要委婉含蓄地表达自己

即说话要有艺术，让听话之人心领神会，明白你话中的锋芒所在。无论你遇到的是针对你的敌人还是帮助你的友人，你都必须具备会暗示和说话含蓄的能力。

3. 在善意的氛围中旁敲侧击

有些人虽然接受了我们的委婉暗示，但却是在逼不得已的情况下接受的，这种人一般会和我们“老死不相往来”，这不是社交的最终目的。为此，我们要懂得不伤感情地、在善意的氛围中暗示对方，让他既能接受，还感激我们“口下留情”。

站在对方的立场，将心比心

人可以不远千里跋涉，只为了与知心的朋友共聚一堂，做一次彻夜长谈。但是，很不幸的是有很多人却认为自己没有谈话的对象，也没有可以依赖的朋友，更没有诉苦的对象，其实，这样的想法是没有事实根据的。相反，这世界上也有许多喜欢替别人乱出主意的人，其实这两种人都并非人们所需要的人，一般人所需要的是可以了解他、理解他、喜欢他、安慰他的人。

有一次，一个出租车女司机把一个男青年送到指定地点后，对方掏出尖刀逼她把钱都交出来，她害怕地交给歹徒300元钱说："今天就挣这么点儿，要嫌少就把零钱也给你吧。"说完又拿出20元找零用的钱。见这个出租车司机这么爽快，歹徒有些发愣。女司机趁机说："你家在哪儿住？我送你回家吧。这么晚了，家人该等着急了。"

这个歹徒见司机是个女子又不反抗，便把刀收了起来，让女司机把他送到火车站去。女司机见气氛缓和，就不失时机地启发歹徒："我家里原来也非常困难，咱又没啥技术，后来就跟人家学开车，干起这一行了。虽然挣钱不算多，可日子过得也不错。何况自食其力，穷点儿谁还能笑话我不成！"

见歹徒沉默不语，她继续说："唉，男子汉四肢健全，干点儿啥都差不了，走上这条路一辈子就毁了。"火车站到了，见歹徒要下车，这女司机又说："我的钱就算帮助你的，用它干点儿正事，以后别再干这种见不得人的事了。"

一直不说话的歹徒听罢突然哭了，把320元钱往她的手里一塞说："大姐，我以后饿死也不干这事了。"说完，低着头走了。

女司机在整个过程中始终不考虑自己的危险，而一直站在歹徒的立场上，为歹徒考虑，最终打动了歹徒，达到了说服对方的目的。

如果你在交际时话语中的意思都是为别人考虑，别人又怎能不感动？又怎能不被你打动呢？

任何人都可以培养起了解他人的能力，只要他能自如地掌握有关技巧。最重要的一点，是使对方和自己同时发展这一力量，即能看透对方内心的力量。比如说，当对方遵照你的意见做事而觉得疲惫不堪，因此和你发牢骚、抱怨的时候，如果你能够洞悉人心，便能立即察觉。精神上感觉疲倦，只有两个原因，一是他在做不想做的事；二是他不能做想做的事情。如果你了解这一点，你便能帮助这些精神上疲倦的人从精神的桎梏中解脱出来。

“我理解你”这短短四个字，就是你能向他人说出的最体贴、最温柔的一句话，换句话说，就是对方最乐于听到的一句话，这就是感情植入。

所谓感情植入，就是以我心换你心的将心比心的态度，它能使你具有了解对方的情绪与心意的能力，使你具有支配他人的力量。这里要列举的就是说明由于体谅之心的感情移入而获得人们的感激与欢迎的例子。

一位心理医生，当地人们每当遭遇困难时，经常以电话的方式向他诉说，并请他发表建议。他说：“每当电话一响，我就尽快拿起话筒。我这样做是有心理学的依据的。因为大部分的人如果有问题要问我，都会有点害怕，害怕打扰我，破坏我日常生活的宁静，所以他们在拨电话号码时心里已经感到不安了。倘若此时我接电话的时间长一点，他们会更不安，如我立刻拿起电话，往往就在这一刹那间，便能消除他们的不安。也许打电话的人并没有很明显地意识到这一点。但是当电话立刻接通后，我相信他们一定会比较安心的。”

由于感情的植入才使得这位心理医生得到了众人的喜爱和尊敬。你不妨注意一下，尤其当你与职位高的人接触时，或对别人有所请求时，你便能体会到这位心理医生所说的话。当对方情绪不佳或正在发脾气时，利用感情植入的方法最为有效。因为对方正经历着某种痛苦状态。因此他会迫切需要能够缓和这种压力。无论有意识还是无意识，世界上所有的人都希望能够避免不安。不安是心灵最痛苦的经历，因此，每个人都希望能尽全力逃避它。

在这个世界上，可以造成奇迹的最大力量就是你的心。如果心中没有引发事物的欲望，则这个世界上任何事情都不可能发生，也不会发生。你应该搜寻一下你的心与开拓成功之路的计划究竟是什么关系。

心当然包括态度在内，态度可以决定一个人的行为，而行为的结果，不是成功就是失败。因此，每一个人都必须明确地表示他自己以及他对别人所应采取的态度。

很多人请教律师，总是认为自己是绝对正确的，他们花费很多时间要律师也相信他们的观点正确无误，说只要按照他的观点和方法，诉讼就一定会胜利。他们将自己的观点投射到每件事上，事实上这些观点可能有片面性。这是人类正常的心理弱点。但如果能承认这种片面，倒可以心胸开阔，拓展人生经验。只要人正视自己的片面倾向，经验范围就能扩大。

商人出于生意的需要，常常修正每样事情，将期望投射到他想要解释的方面，他们喜欢透过有色眼镜歪曲外在世界，特别是同行的商品。

问题常发生在个人的概念中，形成了一定的形式和结构。因此人应该随问题自主的变化而采取不同的解释方法。例如，某个化学问题，归纳到不同的化学公式，解答的方法也就有所不同。因此，以不同的方式看问题，你就会拥有新的说服力。

劝说，让对方变被动接受为主动反思

劝说别人，其实并不是件容易的事，你至情至理地帮他分析，他只是表面附和，并没有就你所提出的意见或建议作更深一层的剖析，所以他只是被动地接受。如果你换一种说法，从例子中引出他的反思，这样劝说的效果可能更好。以下几点值得我们借鉴：

1. 理在情中

感情是人与人之间联系的纽带，故而它在人际交往中的作用至关重要。同样，在说服别人时，更要“晓之以理，动之以情”。有时对方并非对道理本身不接受，而是与讲道理的人感情上合不来。这时讲道理的人要擅于联络感情，注意反省自己有无令对方反感的地方，及时克服和纠正。尤其当对方产生抵触心理时，更要以诚相待，在理解、尊重、关心的基础上，再讲道理。

一家旅行社的阿美在陪同客人游览时，客人中有几位照相迷，每到一处，照起相来没完没了。阿美不好对客人硬性规定时间，便说：“朋友们，中国幅员广阔，名胜颇多，佳景处处，美丽无比，再好的相机，再多的胶卷，也不会使您满意的。我认为最好的照相机就是您自己一双勤快的眼睛；用不完的胶卷是自己的头脑。只有它们，才能从这儿带走真正完美的记忆。”

这番话是阿美针对一些客人“让我们多拍几张照片”而谈的。她的暗示入情入理，语言优美，不仅巧妙地催促了客人，而且还达到了让客人理解的目的。

2. 以事喻理

单纯地讲道理，未免显得有些空洞，但以事喻理就使说服的内容具有真实性、可信性。用事实充实大道理，还可以避免说大话、空话，使理论与实际有效地结合起来。

例如，父亲对刚在官场中站稳脚跟的儿子说："古人云'常在河边走，哪有不湿鞋的'。你初涉宦海可能还意识不到这一点，但时间长了，就会有人来托你办事，给你送礼，那时，你千万要把握好分寸，不可成了个像和珅那样贪赃枉法的昏官啊！"

3. 举例反诘

卡耐基说，要想说服别人，最好的方法就是举出例证。它远比抽象的论证要有更大的说服力。特别对于那些完全肯定或完全否定的命题，或者类似主观的臆断、论断，只要举出一个相反的、个别的例子，这些命题、论题就不攻自破了。

有一次，拿破仑对他的秘书说："布里昂，你知道吗，你也将永垂不朽了。"

布里昂不解拿破仑的意思，拿破仑解释说："你不是我的秘书吗？"

布里昂笑了笑说："请问，亚历山大的秘书是谁？"

拿破仑答不上来，他赞扬道："问得好！"

看来布里昂并不寄希望于依靠名人扬名，但仍不忘作为秘书对主帅的尊重，所以采用表面请教的方式，表达反诘的内容："请问，亚历山大的秘书是谁？"这是直接反驳论点，证明了大前提的虚假。大前提不真实，那结论就不攻自破了。

4. 以小见大

芸芸众生，每个人的思想都不尽相同。即使是同一种思想，每个人认识事物的角度、领悟事物真谛的层次也千差万别。所以，在说服别人时讲道理也应有层次。少了层次，一下子跨越几个台阶，会让人感到道理离得很远，接受不了。我们应擅长于从小事情中讲述蕴涵着的大道理，于身边事情中讲述可望及的远道理，于浅显事情中挖掘可触摸的深道理。

例如，妻子对衣衫不整的丈夫说："有句话说得很有道理：'一屋不扫，何以扫天下？'你连自己的穿戴都不能理好，又怎能去解决各种事情？你工作忙，时间紧，我也能理解，但出门之前把衣物整理好又花不了你多少时间。而且，你这样出门，别人会以小见大，看到你生活没有条理，便会想到你的工作会不会也是这样？"

5. 点到为止

以符合对方的"口味"为出发点，把道理讲得绘声绘色、情趣盎然。美妙的语言是大道理磁石般的外壳，它能吸引听众去深入理解其内涵。

啰唆的话往往令人反感，但有些人唯恐对方听不懂，翻来覆去地讲同一个道理，结果适得其反。所以，我们应因人而异，针对实际把握要讲的内容，该讲的一定要"点到"，同时又要注意留下充分思考的时间，让对方去领悟、消化。

6. 借助外力

谁都非常在乎别人对自己的感受，所以通过第三者佯装无意间转述你对他人的某种意见，往往可以收到意想不到的劝说效果。

某丈夫经常泡在麻将桌上，妻子多次劝说都无济于事。一次，妻子在一个同事家诉苦说："我那位什么都好，就是玩心太大，整天垒长城（麻将），真拿他没辙。"后来此话传入该丈夫的耳朵里，他的行为大为收敛。

应用这种劝说方法应该注意的是，应该在对人做出肯定性评价的同时提出某种希望，这样对方才会认为你的话是客观的，否则只数落缺点而不提及长处，反而有在背后搬长弄短之嫌。

7. 先赞美后“将军”

我国援建B国一大型运动场遇到了停电的困扰，难以按期完工。工程队负责外事的张吉女士便找到该国电力委员会经理，谁知对方百般推诿。

碰钉子后张吉决定智取，她先设宴款待这位经理，不断以外交辞令夸赞他“颇有才干”，感谢他对我方的支持与合作。正当对方喜不自禁时，她话锋一转，以调侃的语调说：“经理先生，您是这个项目的总负责人。我们如果不能按期完工，虽然经济上受损失，可是对您的影响恐怕更大了。贵国运动会不能如期召开，那么，您头上的乌纱帽没准也会被拿掉呢！”此言在软硬夹攻中点明了要害，立即引起对方的重视。

经理只得笑道：“不会误期的，不会。”

工地上很快就恢复了供电。张吉打动对方的，正是用先赞美后将对方一军的套路，从而显示出话语的分量来，对方能不予以重视吗？

第四章

高超的交谈，离不开说话的技巧

日常交谈中，许多人说起话来漫无边际、让人摸不着头脑，还自以为能说会道，却不知别人根本不知道他想表达什么。有诗云：“山不在高，有仙则名；水不在深，有龙则灵。”同样，要想把话说得精、说得妙，并不在于话的多少，而是在于说话的技巧。会说话者，才能打动人心，达到交谈的目的。

软磨硬泡是表象，心诚才能感动对方

提到软磨硬泡，总让人感觉有些死皮赖脸的味道。然而事实上，软磨硬泡和耍赖、无理取闹有着本质的区别。软磨硬泡立足于人的韧性与耐心，对人笑脸相向，或者调动眼泪、苦苦哀求，着眼于感化对方，所谓“精诚所至，金石为开”。

现实中，求人办事，如果遭到拒绝，往往会把你搞得无能为力、无可奈何、无计可施。有些人在这样的情况下往往会打退堂鼓，撤回去了事，也不再有所行动了。但是也有一些性格顽强、不达目的誓不罢休的入，他们采用软缠硬磨法，友好地赖着对方的时间，赖着对方的情面，甚至赖着对方的地盘，如果不答应就不撤出，如果不将事情办成就决不回头，反把对方搞得急不得也恼不得，最终被逼无奈不得不答应了他的要求，他这才肯收兵胜利而归。

软磨硬泡是办难事的一种特殊手段，这是因为它如果用好了就能够把对方感动，可是万一用不好就会把事情搞得更砸。所以，如何在对方的耐心所能承受的最大限度下加以运用，使对方不致生出厌恶之心，是软磨硬泡的关键所在。

小张刚刚被提拔为公司总经理，就遇上了公司资金紧张。于是，刚刚上任的小张不得不到处奔走为公司筹措资金。

这天，为了筹措资金，小张端着一盒盒饭来到银行，与营业部部长商议贷款事项。小张一上来就摆出了不达目的誓不罢休的气势，营业部部长则装出爱莫能助很无奈的样子。

双方你来我往，谈了半天也没谈出结果来。

转眼间到了下班时间，一看到疲倦的营业部部长有点像要溜走的样子，小张便慢条斯理地拿出了带来的饭盒，说："咱们边吃边谈吧，谈到天亮也没关系。"硬是不让营业部部长与营业员走开。营业部部长一看小张是有备而来，只好服输，最终借给了他所希望的款项。

从小张的例子中，我们可以得出软磨硬泡的战术要领：第一，脸皮要厚，千万不能一见到"钉子"就缩回头；第二，明显地表示出不达目的不罢休的决心；第三，表面上是软磨硬泡无理取闹，实际上是以真诚感动了对方。

既然软磨硬泡不失为解决问题的一个办法，我们何不将软磨硬泡做到完美呢？完美的软磨硬泡不讨人厌。

首先，软磨硬泡不只是要能说会道，有诚心也是很重要的。其次，软磨硬泡不是消极地耗时间，也不是和对方耍无赖，而是要想办法影响对方，感化对方。比恩·崔西是美国著名的图书推销高手。他曾经说过："我能让任何人买我的图书。"他也是一位很懂得软磨硬泡的推销员。

有一次，崔西在推销书籍时遇到一位很有气质的女士。可是，当这位女士一听到崔西是推销员时，就立即收起来所有的笑容说："我知道你们这些推销员很会奉承人，专挑好听的说。不过，我不会听你的鬼话的。你还是节省点时间吧。"

从这位女士刁难的话语就可以看出，这是一位多么固执的人。如果换成是别的推销员，可能听到这样的话就要知难而退了。然而，崔西一点也没有生气，仍然微笑着说：“是的，您说得很对，推销员是专挑那些好听的词来讲，说得别人昏头昏脑的。像您这样的顾客我还是很少遇到，特别有自己的主见，从来不会受到别人的支配。”

就这样一句话，这位女士的脸一下子便乌云转晴。她接下来还问了崔西很多问题。最后，崔西赞美道：“您的形象给了您很高贵的个性，您的语言反映了您有敏锐的头脑，而您的冷静又衬出了您的气质。”话刚说完，女士就心里乐得笑出声来了，买了他好几本书。

在后来的日子里，这位女士陆陆续续买了崔西上百本书。

要想通过软磨硬泡的方式达到自己的目的，必须要克服害羞和自卑。有道是“伸手不打笑脸人”，被缠者很难翻脸正是继续泡下去的有利条件。大部分的人，都会对带着笑脸的人有一份莫名的好感。只要你拿出耐心，表示出诚意，总是让自己有一副明朗的笑脸。如此下去，对方很可能就被你“笑化”，答应你的请求。

互相争论，没有真正的赢家

在日常工作生活中，交谈的时候难免会出现摩擦，引起争论。这本无可厚非，但是你应该尽量避免或减少争论，尤其是那些不必要的争论。通常来讲，相互争论是不会有好结果的，它不但不能很好地解决问题，还可能将简单的问题复杂化。反之，如果其中的任何一方主动放弃争论，转而后退一步，宽容地低下头，忍让一下，事情就有可能得到圆满的解决，因此，在遇到事情时最好不要与人争执。

迈克是一位汽车推销员，对各种汽车的性能和特点都了如指掌，是一位真正的内行。按理说，这些本领对一个推销员来说是非常有利的。可是他有一个不好的习惯——喜欢争辩，每当客户过于挑剔时，他总要与顾客打“口水战”，结果总是把顾客驳得哑口无言。他虽然在口头上占了上风，可是业绩却一路下滑。他的这种态度让顾客很不舒服，怎么会买他的汽车呢？这使他的业绩受到极大影响。

每当有顾客被他驳斥得无话可说时，迈克都非常得意：“这些家伙都被我驳得哑口无言，大败而归。”

经理对他的这种表现很不满意，批评他：“在推销中，你越是把顾客驳得哑口无言，你就越失职。你这样做得罪了顾客，既影响你的业绩，还会影响公司的形象，你知道吗？”

听了经理的话，迈克也开始反省了：虽然把顾客驳斥得哑口无言，逞一时口舌之快，但是自己的业绩实在是可怜！慢慢地，迈克不再逞口舌之能了。

一次，迈克向一位顾客推销怀特牌汽车，顾客傲慢地说：“什么？怀特牌汽车？我喜欢胡雪牌汽车。怀特牌汽车，你送我都不要！”

迈克听了，只是微微一笑，说：“你很有眼光，胡雪牌汽车确实非常好，他们工厂设备精良，技术过硬，你真是位行家！不过呢，怀特牌汽车也有很多优点，咱们改天讨论一下怀特牌汽车怎么样？”

没等到“改天”，两人就热烈地讨论起来。迈克不失时机地宣扬了一番怀特牌汽车的优点，终于让这位“怀特牌汽车，你送我都不要”的顾客买下了怀特牌汽车。

后来，迈克成为了著名的推销员。

迈克争强好胜为什么遭到批评，而后来“痛改前非”成了模范推销员？这里他掌握了一项重要原则，那就是：“不宜争论！”

美国有位总统麦金莱，因为用人问题，遭到一些人强烈反对。在一次国会会议上，有位议员当面粗野地讥骂他。他极力忍耐，没有发作。等对方骂完了，他才用温和的口吻道：“你现在怒气应该平和了吧，照理你是没有权力这样责问我的，但现在我仍然愿详细解释给你听……”他的这种让人姿态，使那位议员羞红了脸，矛盾立即缓和下来。

试想，如果麦金莱利用自己的职位和得理的优势，咄咄逼人进行反击的话，那对方绝不会服气的。聪明的人总是会像麦金莱一样，用说话化解争论，这不仅不失风度，而且也不会让坏情绪成为自己的致命伤，并且往往能够让对方在哑口无言中承受致命一击，从而轻巧取胜。

你也许会经常会碰到一些意想不到的事情，要么是自己失言失态，要么是对方反应不如预料的好，要么是周围环境出现了没有预料到的变化等。有时候当人们因固执己见而争论不休时，造成僵局难以缓和的原因往往已不是双方的看法本身，而是彼此的好胜心和较劲心理在作怪。因此，在化解争执时要抓住这一点，帮助争论双方换一个角度来看待争执，灵活地分析问题，为对方找好台阶，这样就能平息争论。

一位领导就曾如此告诫过他的手下：“一个成大事的人，不能处处与别人计较，消耗自己的时间和人家争论；无谓的争论，对自己的性情不但有损害，而且还会使自己失去自制力。所以在尽可能的情形下，不妨对人谦让一点。这就如同跟一条动物抢行，不如让它先行一步。如果被它咬了，你即使把它打死，也不能治好你的伤口。”

关于争论，美国著名的成功学大师戴尔·卡耐基也曾经说过：“争论的结果，十有八九会使对方比以前更相信自己绝对正确。你赢不了争论。要是输了，当然你就输了；如果赢了，还是输了。所以，真正赢得胜利的方法不是争论，而是不要争论。”

会绕圈子，才能不碰钉子

与人交谈的过程中，总会有一些让人不便、不忍或者是语境不允许直说的话题内容，如果单刀直入地说，很容易让自己碰钉子。这时，你要将“词锋”隐遁，或者是把“棱角”磨圆一些，多绕几个圈子，好让语境软化一些，这样就可以让听者容易接受。

这种绕圈子的说话方式说白了就是迂回表达。迂回表达就是不直接说出来。例如：一些直白的话，用委婉的方式说；老套的话，用创新的方式说；想要批评别人，用赞扬的方式说。既然直接说出来可能不会取得很好的效果，甚至反而会得罪别人，那么，何不用迂回的表达方式呢？

有一次，一位朋友问美国总统肯尼迪：“您是怎样在第二次世界大战中成为英雄的？”

肯尼迪想了一会儿，说：“这可由不得我！是日本人炸沉了我们的船。”

要回答自己为什么在第二次世界大战中成为英雄，不是一句两句话可以说清楚的，于是肯尼迪总统采取迂回的方式，巧妙地说出美国参与第二次世界大战的起因，可谓以少胜多，含义深刻。

艾森豪威尔有一次去参加新闻界的聚会，席间有记者不断地向他提出问题。艾森豪威尔不好当面拒绝，但是有些问题涉及国家机密，他又不能说。于是，在大家请他讲话的时候，艾森豪威尔说道："我记得小时候到农场里去，看到一名农夫在挤奶，我就问那位农夫：'你的奶牛是不是纯种的呢？'农夫说：'不知道。'我又问：'那这头奶牛一个礼拜能挤出多少奶？'农夫还是回答不知道。我不停地问，最后农夫不耐烦了，他说道：'你问我的问题我都不知道，我只知道，这头奶牛很老实，只要有奶，都会给你。'"说到这里，艾森豪威尔停顿了一下，然后继续说道："大家都知道我是一个不善言辞的人，说这个故事只是想让诸位知道，我和那头奶牛一样，只要有什么新闻，一定会告诉大家的。"听完艾森豪威尔的话，记者们都笑了，他们自然明白艾森豪威尔的意思——请别追着我要新闻了。

艾森豪威尔用这种迂回的方式把本来可能会让人很没面子的话表达出来后，让人很容易接受，自然能得到记者们的体谅。其实，这种迂回的说话方式在我们的生活中随处都可以见到。

妻子想让丈夫给自己过生日，这样说道："亲爱的，在26年前的今天，有一个女孩儿来到这个世界上，从那之后的每一年，她的父母都帮她过生日，去年她结了婚，那个英俊帅气的新郎发誓要永远爱她，和她度过以后的每一个生日……"

丈夫听到这里，显然已经明白了妻子的意思，加上话语之间的恭维，自然会乐意为妻子办一个最好的生日宴会。

当别人拒绝你的要求时，同样可以采用“迂回”的方法，迂回绕开当时的话题，与对方巧妙周旋，然后再见机行事，从而达到自己的目的。

有一次，足球评论员黄健翔采访荷兰球星古力特。可交谈刚一开始，对方就拒绝了他，谈话陷入了僵局，怎么办呢？请看黄健翔是如何让谈话继续进行的。

古：对不起，我不接受记者的采访。

黄：您误会了，我不是想采访您。

古：那么，你要做什么？

黄：我只是想向您祝福，您看我手中这摞信，都是喜欢您的球迷写给您的，这些信中表达了一个意思，就是向您祝福。

古：中国球迷真让我感动。

黄：那么，我能不能代表中国球迷问您几个问题？

古：当然可以。

黄健翔聪明地“迂回”，绕开了对方不愿触及的话题，以自己的诚恳争取和对方说话的机会，打动对方，转过了山路十八道弯，再回到起点，顺利地达到了自己的目的。

戴尔·卡耐基在《人性的弱点》一书中就提出，每个人都有与他人意见不相符的时候，每个人都有强烈的自尊心和面子观念。所以，当你用直截了当的方式反对别人时，无论你的口气和神态怎样，对方都会觉得你没有给他面子，伤了他的自尊，这样会使你在无形中多了一个不必要的麻烦。

不会绕圈子很可能会使别人自尊心受损，大跌脸面。你的直言不讳，往往会使别人觉得脸上无光，你不给别人脸面，别人又怎会给你留面子呢。

虚实结合才能把话说巧

以虚对实法就是在某些特殊场合，由于某种原因或需要，对别人提出的某些问题，自己既不便拒绝回答又不能明确回答之时，往往需要虚与委蛇，做出貌似概括、实为空洞的“废话式”回答。然而其最大的妙处还在于：它是一种似答而非答的巧妙回避。

说“似答”是因为它就问而答，答对其问；说“非答”，是因为答的内容空洞浮泛，且有意识地让对方得不到满足，从而使“答”事实上变得毫无意义。这是一种以虚答对实问的策略，是一种充满智慧的“语言敷衍”。

它在让对手无法探底的同时，又巧妙地将自己或者事物真相隐藏起来，从而创造出一种扑朔迷离的语言境界。

某些情况下，虽说对方不是故意找碴，但要回答起来内涵较深，表述较难，不是短短几句就能说清楚的问题，这时候同样可以采取以虚对实的方法，无须实言相告，而是虚言应之。

某工厂有位老工人，几十年任劳任怨，为企业、为大家做了不少好事，一直踏踏实实，默默无闻。

一天，一个邻居小伙子问他：“我说老伯，您几十年辛辛苦苦，既没当上官，也没见发财，您到底图个什么呀？”

这是一个涉及人生态度、思想境界诸方面的问题，没有个一时三刻是说不清楚的，即使说清楚了，小伙子也未必认同，于是老工人笑着答道：“是呀！图个什么呢？我还真没有仔细想过这个问题，到时候还得去请教佛祖呢！”

这句话既隐现了老工人的精神品质，又使小伙子自讨没趣，不再深问。以虚对实除了以虚答来周旋实问外，有时候也表现为以虚言来消解实言，使实言失去赖以存在的基础，而虚言则因其不可捉摸的“玄妙”，反而产生某种奇效。

王光英到香港创办光大实业公司，有一次他刚下飞机，一位女记者便以藐视的口吻，突然发问：“你带了多少钱来？”

王光英先是一惊，少顷，便面带微笑地回答：“对女士不能问岁数，对男士不能问钱数。小姐，这是基本常识，你说对吗？”

在场的记者哈哈大笑。

王光英机智地虚晃一枪，不但使自己摆脱了窘境，而且给人留下了美好的印象，等于给他的新公司做了一次不费分文而效果特佳的广告。因为有这样口锋劲健、应对自如的企业家，你能不相信这家公司会光大起来吗？

以实对虚就是当某些论敌故意运用一些虚幻的、无法验证的论题来设置语言困境，企图难倒对手时，对答方反其道而行之，以一些具体的、实在的答案来回敬对方，取得胜利。

从前，有个国王召来修道院长，说：“听说你是个聪明人，很有学问，那么我问你：天地之间有多长的距离？给你三个礼拜想出答案！”

修道院长回到家，挖空心思地想啊、想啊，可怎么也想不出答案来。

一个磨石工知道这件事后，答应替他去见国王。

磨石工打扮成院长模样，来到皇宫。

国王开门见山地问：“天地之间相距多远？不要含糊，要回答精确。”

磨石工回答："报告陛下，天地相距129872公里又6米54厘米3毫米。"

"精确得实在惊人，你是怎么算出来的？数字确实可靠吗？"

"请陛下去量一量，发现有半点差错，我甘愿受罚——砍我的脑袋！"磨石工自信地回答。

国王对他的应对颇为赞赏。

国王要对方说出在当时无法探测的天地之间的准确距离，以此来为难对方，磨石工随便报了个看似精确、实在的数字，由于国王无法验证其真实性，这样便有效地迎接了国王的挑战。

这种以实对虚的方法，其特点在于：对手的论点是虚的、无法验证的；而己方用来回答的内容也是无法证实的，但却是以"实"的面目出现的。

这种"实"可以表现为大，也可表现为小，可以表现为远，也可以表现为近，总之，应根据具体的场合选用对方无法验证的"实"来回答。

因对方无法验证其真假与否，只能无可奈何地接受这种似真实假的回答，从而拱手让出论辩的主动权。

无独有偶，还有一个国王自以为聪明，最喜欢出难题来难倒人。

有一次，他找来1000个学者，问他们"世界的中心在哪儿"，自然谁也答不出。

国王得意极了，马上出告示征求能回答这个难题的人，而且宣布，答对的有赏，答不对的要受罚。

人们看了告示，都摇摇头走开了，只有阿凡提看了告示后，牵着他的毛驴来见国王。

国王问道："怎么，你知道世界的中心在哪儿？"

“我知道，”阿凡提回答，“世界的中心就在我驴子左前蹄踩的地方。”

“胡说，我不信！”国王笑道。

“陛下，您如果不信，就把整个世界量一量吧！错了就罚我好了。”

“这、这、这……”国王想了半天，一句话也说不出来。

在当时的情况下，国王是不可能测量出大地中心的，阿凡提随便指了个眼前的地方，便让国王无法找到依据加以否定，因而只能哑口无言了。值得注意的是，这种以实对虚的方法，只能用来制服无理取闹者，反击有意刁难者，而不能以此去代替严谨的科学表述。

激将有方，让对方不得不做

“激将法”是一种交流策略，通常把任务说得十分困难，暗示对方不能担当此重任，或者说对方没有担负此项工作的能力。这样，对方通常会激起承担这项任务的愿望，并决心干好。

激将法之所以有效，是因为它激起了人的自尊心。心理学认为，希望受到别人的尊重是人的一种普遍的心理。你认为任务艰难，他偏说困难不大；你暗示他不能干，他说我能胜任；你说想另选能人，他却认为你瞧不起他……这都是维护自尊心的心理动因在起作用。

周灵王九年（公元前563年），宋平公子成（公元前576年～公元前532年在位）因受楚、郑二国屡次侵扰，便向晋悼公求救。

晋国上军元帅荀偃和中军副将士匄都认为，要想从楚国手中争夺郑国，首先要安定宋国，并攻占楚国侵宋的桥头堡逼阳（今山东枣庄市南）城。这样一可以断绝楚、郑侵宋的必经之道，使晋国无后顾之忧，二可将逼阳封给对晋有功的宋国大夫向戎，使宋国专心归附晋国。

晋中军元帅荀罃见二人攻打逼阳的决心很大，就故意说："逼阳虽小，城却很坚固，对我们这样的大国来说，即使攻下来，也不算什么大的胜利，若攻不下来，必被各诸侯国所耻笑。"

荀偃、士匄二将道："一切全包在末将身上，如若不能成功，甘受军法处置。"

晋悼公同意了他们的意见，于是荀罃就命荀偃、士匄率晋因军队攻打逼阳城。鲁、曹、邾三国军队也随同出征，听候调遣。

在最初攻逼阳的战斗中，鲁国的三勇士叔梁纥、秦堇父、狄虒弥各显其能——叔梁纥力托千斤闸、狄虒弥以蒙甲大车轮为盾、秦堇父挽布三攀逼阳城。如此神勇顽强，使逼阳守军心惊胆战，不敢出城迎战，只有龟缩城内固守。

好在逼阳城高坚固，晋军没明没夜地围攻了二十多天，愣是没有攻下。

连续的攻坚战，已使晋军士兵出现疲倦现象，而逼阳守军还应付有余。偏偏天公也不作美，又连续下起了大雨，逼阳城外顿时平地水深三尺，晋军中开始骚动不安。

荀偃、士匄见状，恐如此下去会发生不测之变，就一同到中军面见元帅，请求撤兵回国。

荀偃面有愧色，对元帅荀罃说："我等本以为逼阳城小易攻，没料久攻不下。现天降大雨，又逢夏季，恐怕瘟病流行，况且西有泡水、东有薛水、东北有漷水，这三条河都与泗水相通。万一大雨不停，三条河河水泛滥，那时恐怕想回都回不去了。不如现在暂时退兵，等来日再围攻不迟。”

荀罃听了大怒，顺手将面前的案几朝二将掷去，大声骂道：“本帅当初说什么来着，逼阳城小而固，未必容易攻克。你二人却不听劝阻，执意要来，并在主公面前一再请战。我恐怕扰乱军心，所以没有反对你们。现在围攻了这么长时间，没有半点成效，偶然天降大雨便要退兵？战由得你们，退却由不得你们。国君已经为你们调动了诸侯的军队，既不坚持进攻，又想把罪名安在本帅头上，将来说什么都是由于本帅下令退兵。若不把逼阳城攻下来，本帅如何担当得起这样重的罪责！现如今限你等七天之内攻下逼阳，如若不成，照军法斩首。”

荀偃、士匄二人吓得面如土色，喏喏而退。

荀偃、士匄二将回到营中，招本部各将，对他们说：“元帅下了限令，七天之内若还攻不下逼阳，要取我等首级。我们也与你等诸将立个时限，六天内若不能攻破城池，先杀你等人头，然后我二人自刎，以正军法。”

诸将听了面面相觑。

荀偃又说：“军中无戏言！我二人当身先士卒。”

恰好这时天已放晴，水稍退，荀偃、士匄率众将士开始攻城，城上滚木雷石纷纷而下，箭头如雨，二将全然不顾，冲在最前头。一连几日如此，城中箭石用尽，荀偃率先登上城墙，士匄紧随其后，其余将士乘机也都攻上了城墙，晋军最终取得了胜利。

这次战事，从攻城到最后胜利，总共才用了五天时间。若不是荀罃怒激二将，恐怕这次围攻逼阳将无功而退，这实际是从心理上鼓舞了他们取胜的士气。激将法的道理便是让你的好胜之心一跃而起，把什么都放在一边，命也不顾地要去争你想要的东西。

用激将法的时候，除考虑对方的身份以外，还要注意一下对方的性格。一般来说，一个人的性格都是通过自身的言谈举止与表情流露出来的，快言快语、举止简捷、眼神锋利、情绪冲动的人，往往是性格急躁的人；直率热情，活泼好动、反应迅速、喜欢交往的人，往往是性格开朗的人；表情细腻，眼神稳定，说话慢条斯理，举止注意分寸的人，往往是性格稳重的人；安静、抑郁、不苟言笑，喜欢独处，不善于与人交往的人，往往是性格孤僻的人；口出大言，自吹自擂，好为人师的人，往往是骄傲自负的人；懂礼貌、讲信义，实事求是、心平气和，尊重别人的人，往往是谦虚谨慎的人。对于这些性格各不相同的谈话对象，一定要具体分别开来，区别对待。

比如，对待那些傲气十足的人，如果他把面子看得很重而又讲究分寸，你不妨从正面人手，让他飘飘然，他会因为虚荣而顺从你的意图。这类型的人只要你说他站得高，他便会跳起脚来给你看的。

采用激将法往往能激发出意想不到的能量，在一些特殊的情况下，激将法是一把很有威力的武器，掌握了它，会让你在谈话中无往而不胜。

见不同的人，要说不同的话

“见不同的人，说不同的话”是一个重要的“沟通”的秘诀，人际交往中之所以行得通，是因为它抓住了人们常以自我为中心的弱点，在语言上让对方得到自我满足，放松防卫意识，并且能使对方因为你的“关心”（对他的客套、亲切）而对你产生好感。

商场也好，谈判也好，谋事也好，走到社会上，谁都离不开与人打交道。每见有人谋事处人，诸多阻滞，其中一个原因就是与人不合拍、不默契；相反，有人善于解决难题，也在于合拍、默契。因此，在人际交往中，善于“见不同的人，说不同的话”就能轻松接近对方并和对方建立初步关系，从而轻松地达到交谈目的。

这天一早，黄馨前往拜访一家电子厂商的总经理，由于对方的订单大，而且是公司的贵宾客户，所以她亲自前往拜访。到了电子厂之后，黄馨被带到对方的会议室，不一会儿，总经理走了进来。

双方一阵寒暄之后，总经理开门见山地说：“黄经理，我们之前做的服装不但面料不好，而且价格偏贵，这次您一定要给我们优惠，否则我们就要找别的公司合作了。”

黄馨一听，就知道总经理在找借口，以不合作来威胁她，想要省钱。于是她笑着说：“那是自然，像总经理这样气度不凡的领导者真是罕见，短短的几年时间，就能让一家电子企业拔地而起，实在是了不起啊。”

总经理笑呵呵地说：“那是，想当初我创办企业的时候，可以说是两手空空，靠的就是我的艰苦努力。那时候，我们只有三五个人，一两台机器，在这个瞬息变化的大市场中找到了自己的一条发展路。”

黄馨深有同感地说：“是啊，是啊，实在是太不容易了，总经理一定吃了不少苦吧。”

总经理点了点头说：“那是肯定的，当时为了省钱，连一顿5块钱的面都吃不起，为了联系客户，出租车也舍不得打。现如今，企业能有这样的成就，我也算没有白辛苦。”

黄馨接着说：“嗯，在总经理的带领下，企业一定会迅速成长。”

总经理笑呵呵地说：“那是，我要让我的企业在两年之内，业绩翻两倍。”

黄馨一转话题说：“企业要发展，可不能亏待了员工，尤其是员工的服装，直接体现着企业的形象。像总经理现在有这么大的成就，野心勃勃，想必不会在服装这么小的问题上节约成本吧！”

总经理点着头，笑着说：“没问题，就按你说的那样办。”

故事中的总经理在黄馨的恭维下，一步步地顺着黄馨设置的路线，慢慢地走到了合作的道路上。由此可见，不同男人渴望得到的欣赏和赞美是不同的。每个人，由于生活环境、接受教育的程度、性格、性别、社会地位方面的不同，导致了他们所能接受的说话方式、语言习惯等方面也有不同。因此，与人说话，一定要看清对象，因人而异。“见什么人说什么话，因人而异”是非常必要的，否则就会犯“对牛弹琴”的错误。

一般情况下，运用“因人而异”要考虑哪些方面呢？

1. 看性别说话

俄罗斯有一句谚语说：“男人靠眼睛来爱，女人靠耳朵来爱。”这就指出性别对于接受是有影响的。性别不同，对言辞的接受也有一定的差别，无论是言辞涉及的内容，还是言辞表达的程度、声调都是如此。

在现实生活的社交场合、会议间隙、公益活动中，人们在礼节性的互致问候之后，通常喜欢三个一群、五个一伙地聚在一起交流。而这三个、五个的，又总是按性别组合——男士与男士侃，女士与女士谈。我们时常注意到这样一个情况，男士的话题大而广，女士的话题小而狭。通常来说，男士爱谈的是时事、政治、法律、体育、文化、社会问题、经济动向等；而女士爱谈的则是孩子、丈夫、日常经济、消费心得、风流艳闻等。因此说话者必须依据性别选择说话的内容，努力使自己的言辞吻合接受者的性别需求。

在说话者言辞接受的程度上，通常来说，男士较能承受率直、干脆、粗放、量重的话语；而女士则喜欢委婉、轻柔、细腻、量轻的话语。因此说话者必须依据接受对象的性别选择自己的表达方式与程度。

在一般情况下，说话者假如是男士，而接受者又并非是自己的妻子、恋人或关系很密切的姐妹，那么，言辞就应当严格把握分寸，在内容上、方式上都要充分注意女性的接受特点。

2. 看性格说话

言辞表达的内容与方式必须因人而异，要符合接受对象的脾气、性格，才有可能产生“同声相应，同气相求”的效果。性格外向的人易于“喜形于色”，性格内向的人多半“沉默寡言”。同性格外向的人交往，你可以侃侃而谈，而同性格内向的人交往，则应注意循循善诱。

有一次，孔子的学生仲由问：“听到了，就去干吗?”孔子回答说：“不能。”另一个学生冉求也问：“听到了，就去干吗?”孔子说：“干吧!”公西华听了感到疑惑，就问孔子：“两个人问题相同，而你的回答却相反。我有点儿糊涂，想来请教。”孔子答：“冉求平时做事好退缩，所以给他壮胆；仲由好胜，胆大勇为，因此我要劝阻他。”

由上述例子可见，在两千多年前，孔子就注重针对学生的不同性格来回答他的问题。因而我们在日常交往、公关交往活动等各方面的交谈也要注意这一点。

3. 看教养层次说话

教养是指接受对象的一般文化和品德水准，包括文化程度、知识积累、生活阅历、涵养气度等。教养层次的不同，对说话者言辞的接受程度也不同。有些话说出来，甲听得懂，理解得很好，乙也许会听不懂，理解不了。

作家丁玲的小说《太阳照在桑干河上》中的人物——工作组组长文采的演讲，就是没有区分接受对象的教养层次和实际的需求，而致使“言者谆谆，听者藐藐”。

因此，说话者在进行言辞表达的时候，要认清自己的接受对象的教养层次，盲目表达不仅达不到交流的目的，甚至会弄巧成拙，贻笑大方。在现实的交往中，说话者一时间还不能确定其教养程度时，所表达的言辞，应力求通俗化、大众化；那种故作深沉的做法，是不可取的。

4. 看对方心境说话

心境通俗地称为心情，是一种比较持久的、微弱的，但能影响人的整个精神活动的情绪状态。大家都知道，在听觉方面，声波在耳蜗内转变成一种可供神经系统使用的密码。通过神经系统的处理，听者就把这些编了码的信号感知为能够表达说话者意思的词汇。既然听者要将接收到的信息通过神经系统处理，那么，听者的心境，必然会影响到语言的交流效果。

人际交流中往往会有“言者无意，听者有心”的情况，说话不注意洞察对方的心理状态，通常会出现意外的问题。

《红楼梦》第八十三回写到大观园中一个婆子教训自己的外孙

女："你这不成人的小蹄子！你是个什么东西，来这园子里头混搅！"这话恰好被黛玉听到，她误认为婆子骂她，于是大叫一声道："这里住不得了！"直气得"两眼一翻亡去"。

婆子的话本来是不让外孙女到大观园中来，但黛玉不这么想，她那种寄人篱下的特定处境和心态使她产生了误会。因此，同样一句话，不同的人听来感受会完全不同。

5. 看地域说话

地域指的是接受对象所处的地理位置，包括国别、省别、族别等。不同的地域有不同的地域文化，彼此在认识、观念、习惯、风俗上都有区别，因此不同地域的人对说话者言辞的接受就会有所不同。所以说话者在进行言辞表达时，应当认清接受对象的地域性，才会产生良好的交际效果。

因地域不同而产生的表达差别，甚至在同一个民族、同一个省区的不同居住位置，也有表现。比如，都是汉族，居于大陆者与居于台湾者对同一个概念的表达与接受就不一样：接班人——传人，大学新生——新鲜人，表演——作秀……又如，同为贵州人，对西红柿的称呼，贵阳人叫毛辣角，遵义人叫番茄，兴义人叫酸角，独山人叫毛秀才。说话者如果不区分这些地域上的差别，说话目的就难以实现。有些严重的差异，如不分清，甚至还会对说话者产生严重的后果。

6. 看文化背景说话

当今社会是一个信息化的时代，我们的聊天对象势必出现不同国家、不同民族、不同地区、不同阶层的人，要适应交际的广泛性，就要考虑不同文化背景下说话的特点，使我们在聊天中说出来的话与特定的文化背景协调一致。

比如，交际场合的称呼语，受文化背景的制约尤为明显。各民族在长期的社会发展中，形成了各自的称呼习惯，能使交际对象产生良好的心理效应。如英、美人习惯称已婚妇女为“夫人”，未婚女子为“小姐”，在比较严肃的场合，一般统称为“女士”，如果称已婚者为“小姐”，那就是一个错误的称呼。所以，我们在与人聊天中，一定要积累一些基本的文化常识，一旦需要时才不会出现错误。

找准反驳的时机进行反击

美国总统罗斯福刚刚任职时，遭到很多人的攻击，其中攻击他最为厉害的要数亨利·门肯。

在一次大会上，政治人物云集，新闻记者在会场内外忙个不停。很快，轮到罗斯福演讲了。他清了清喉咙，对亨利·门肯面带微笑地说：“各位先生女士，我的朋友亨利……”

听到这样的开场白，亨利·门肯显然吃惊不小。接着，罗斯福竟然大肆谩骂美国的新闻界，批评新闻记者的无知、愚昧与自大。在场记者听到罗斯福的指责后面面相觑，不知所措，并且有种莫名其妙的感觉。不过，听着听着，记者们便心领神会了，原来罗斯福所讲的，正是亨利·门肯在《美国新闻界》一文中所写的内容。

说话不但要掌握火候还要抓住时机，如果能够在别人有意刁难的情况下，运用精妙的语言不失身份地反击，那么就说明说话的水平已经达到炉火纯青的地步了。

1800年，美国人约翰·亚当斯参加了总统竞选。当时，一个共和党人煞有介事地指控他曾委派如今的竞选伙伴平尼克将军到英国去挑选四个美女做情妇，并把其中两个送给平尼克将军作为报酬，另外两个则留给自己享用。

当时，约翰·亚当斯如此说道：“假如真是这样的话，那么平尼克将军一定是瞒过了我，把四个美女全都独吞了！”周围的人听后，都哈哈大笑起来。

其实，这种花边新闻对于一个参加总统竞选的人来说，无疑是一个致命伤。但是亚当斯灵机一动，和大家开了个小玩笑，不但缓解了尴尬的气氛，还巧妙地告诉众人自己对此事毫不知晓，无疑是有人在造谣。这样，一个本来严峻的问题就变成了一个笑话。让人不得不钦佩亚当斯的说话技巧。

很多人相信“沉默是金”，但有时沉默不一定是金，面对那些不怀好意者时，如果你总是沉默，不反唇相讥，还以颜色，那么就会遭到诬陷和羞辱。

一个机敏的说话高手，总是能够在任何情况下保持清醒的头脑，一旦战机出现，便会做出最迅速的反应，使对方陷于被动，溃不成军。巧捕战机，需要我们具有非凡的洞察力。根据反驳过程中常有的失误情况，有利的战机可以从以下几个方面来捕捉。

1. 表达上的错误

这里，我们有必要先解释一下表达的含义。凡用语言把思想“表之于外，达及他人”的，就叫表达，辩论也是表达思想的一种形式。在紧张的辩论讲话中，对方往往会出现“急不择语”，或“择语不慎”的情况。对方表达上的失误，也是反击的好机会。

前苏联诗人马雅可夫斯基喜欢在公众集会上朗诵自己的诗歌。他也常常收到很多小纸条，有表示支持和欢迎的，有提出问题的，也有无理攻击和辱骂的。有一次，马雅可夫斯基接到这样一张纸条："马雅可夫斯基，你自以为你是一个无产阶级集体主义的诗人，而你的诗却时常写'我''我''我'，这说明什么？"

马雅可夫斯基当众读出纸条内容，略加思索，反驳说："哦，你以为尼古拉第二是一个集体主义者吗？他时常说：'我们''我们'尼古拉第二……可见不能在任何场合都说'我们'，譬如，你向姑娘表白爱情时，难道你会对她说'我们爱你'吗？如果这样，那她只好反问：'你们有几个呀！'重要的是，你们要永远记住：'我'是一个苏联公民。还有，为什么说我讲到自己或以自己的名义讲话时，也就是代表着你们呢？因为我首先认为，我已把我的笔，献给了今天的时代，今天的现实和它的勤务员……苏联政府和我们的党！"

马雅可夫斯基痛快淋漓、十分风趣地批驳对方表达上的错误，使对方无言以答。

2. 认识上的错误

大千世界，芸芸众生，由于先天或后来的原因，理论或实践的原因，人们不可能思想统一，认识一致。人类这种认识上的差异，在论辩中的表现便是激烈的思想交锋，利用认识上的失误进行反驳是辩论成功的最佳战机。

泾渭分明的立场，大义凛然的雄辩，有力地批驳了无端的指控和诬蔑，将对方逼入死角。胜利在于巧妙地捕捉对方认识上的错误，进行有力地反击，彻底击溃对手。

3. 逻辑上的错误

人的思维是客观世界的反映，客观世界的发展是有其自身规律的。我们无论是写文章还是发表演说，或争辩问题，都离不开逻辑推理。因此，捕捉对方逻辑上的错误，也是进攻的良机。

一天，马晔和他的好友陈琳一起咏读千古名篇《滕王阁序》，当他们读到“落霞与孤鹜齐飞，秋水共长天一色”的时候，禁不住拍案叫绝。后来，陈琳叹惜说：“王勃这样的一代才子，可惜二十来岁就遇难了，智力早熟的人都会早亡的呵！”“怎么，智力早熟的人都是早亡的？”马晔颇有怀疑地问道。

“是的，所有智力早熟的人都会早亡的。”陈琳再次肯定地回答。

“不对，很多智力早熟的人就不是早亡的。例如，比王勃不过晚100多年的白居易5～6岁能作诗，9岁就通声律，却活到了74岁。控制论的创始人诺伯特维·纳，10岁入大学，14岁就毕业于哈佛大学，也活到了70岁。他们不都是智力早熟的人吗？但他们并不都是早亡的呀！”马晔为自己的论点进行着论证。

在事实面前，陈琳承认了自己观点的错误。他的逻辑错误是显而易见的，即大前提“智力早熟的人都早亡”是假的，导致了整个推理的错误——智力早熟与早亡并无必然联系。

一位学者曾经说过，在现代人类事务的活动中，构成伟大的要素有二：能力与敏捷。前者往往是后者的产物。所以，从一定的意义上说，善于捕捉反驳的战机是一个雄辩者敏捷和能力的综合体现，而这种有机的综合，正是我们取得辩论成功的关键，也是衡量是否具有现代人素质的一个重要标志。谁能在辩论过程中及时捕捉到对方的错误进行反驳，谁就能总是在辩论中轻松自如，游刃有余。

批评时，间接说出对方更容易接受

批评往往具有否定性，极易造成对方心理上的排斥，激发对方的逆反心理，从而影响批评的效果，甚至比不作为更糟糕。我们可以试着用委婉的方式批评他人，虽然不能完全抵消对方心理上的抵触，却因为给对方留了面子，而更容易被受批评者认可和接受。

有一家建筑公司的安全检查员，他的职责是督促工地上的工人戴好安全帽。刚开始，当他发现有不戴安全帽的工人时，立即会很严肃地批评工人，要他马上戴好安全帽。结果，被批评的工人很不高兴，等他一离开，就马上脱下安全帽表示反感。于是，安全检查员改变了方式，当他遇见有工人不戴安全帽时，就问是不是帽子戴起来不舒服，或是帽子的大小不合适，并且用愉快的声调提醒工人，戴好安全帽是很重要的，最后要求工人在工作时最好戴上安全帽。结果，工人很乐意地戴上了安全帽。

要想使批评收到预期效果，首先就得让对方听进去话。很显然，那种不顾对方心理感受，任由自己真理在握、义正词严的批评方式，是无法实现这一目的的。所以，间接批评不仅是出于照顾对方的自尊心，更主要的是，它能实现我们想得到的预期效果。

某高中的张老师听说学生小李要举办豪华的生日宴会，于是问他："小李，你的生日派对准备怎么办呢？"

小李说："我家里要给我好好办一场，因为我是独生子，我们全家都特别疼我。"

张老师说道："哦，我们全班同学都是独生子。"

这段话张老师就用了隐语，暗示小李，大家都是独生子，但是不能因为这个就铺张浪费。

"金无足赤，人无完人。"只要是人，就可能犯错误。其实，任何有上进心的人都不愿意犯错，要批评一个人时，我们的目的是为了要帮助对方，而不是为了贬低对方的品格。因此批评以适可而止、给对方留有余地的方式为好，这会让对方感谢我们的宽容。

有一个人在一处禁渔的水库捕鱼，远处走来一位警察，捕鱼者心想糟了，不知道要遭到怎么样的训斥和惩罚。警察走过来出乎意料地和气询问："你在这里洗网，难道不会污染到下游吗？"

这情景令捕鱼者十分惭愧，连忙道歉，主动交出了罚金。

有一个小女孩一心贪玩，居然把她的小狗"豆豆"带进了一家严禁携带小狗入内的商场。小女孩只顾与她的"豆豆"玩耍，一点儿也不知道这条规矩。当她上了二楼突然看到墙上"严禁携带小狗入内"的警示牌时，这才发现小狗已没地方藏。她挺着急，便赶紧乖乖地站好，一边紧搂着"豆豆"，一边看着迎面走来的商场保安，等待着想象中的"狂风暴雨"。不料保安不仅没有生气，还笑眯眯地看了看她，问："多么可爱的小狗，它叫什么名字？"小女孩轻轻回答："它叫豆豆。"而那位保安摸了摸小狗的头，说："亲爱的豆豆，你怎么糊涂了？我们这儿是不准小狗带小女孩进来的，但既然来了也就不难为你了，请离开时记住，千万别忘了带走你身边的这位小姑娘！"

这是多么艺术的劝告，又是多么艺术的批评啊！保安的这段话，给小女孩留下了深刻的印象。此事让我们知道，原来批评的语言可以是苦的，也可以是甜的。艺术地批评不但可以让他人愉快地接受，而且还能给他人留下深刻的印象。那么，怎样措辞才能言曲而意明，委婉而更容易被人接受呢？

1. 旁敲侧击

不要急于说出自己的目的，而用旁敲侧击的方式，告诉对方其实是他自己的做法出了问题，在哪方面没有考虑周到，对方一旦明白过来，就很容易接受这种委婉的批评。比如在《晏子谏杀烛邹》的故事中，烛邹养鸟不小心放走了鸟，齐景公大怒之下想杀掉他，晏子却说烛邹有三大罪状：弄丢鸟、让国君因鸟杀人、致使诸侯才士误会国君重鸟轻人。晏子委婉提醒并批评景公杀烛邹会影响自己的声誉，既避过了国君的盛怒，又达到了让君主明辨的目的。

2. 用反问代替肯定的斥责

如果常常用肯定的语气斥责他人，诸如“你不应该这样做”“你不要做这件事”“这样做真是一团混乱”，极可能使对方恼羞成怒并将错就错。如果能用委婉一些的方式，比如“你是否可以考虑这样做？”“你认为这样做可以吗？”“你认为这样做怎么样？”“也许我们这样做，会比较好一点。”“我听某某说，你觉得这样做很好，我也觉得很高明。”并把“这样”修改成自己的建议。让对方觉得这个高明的方法出自他自己的意愿，当然更容易被对方接受。这样委婉含蓄的批评、建议方式，既维护了他人的自尊，也自然更容易被接受。

3. 先用赞美暖身

在批评别人之前，不妨先说一些赞美的话给对方暖暖身，比如“我很欣赏你这次的工作表现，尤其是这次特别的促销方式，是一大亮点。”然后再进行建议改正“如果能稍微控制一下局面，货物摆放有条理一些，效果会更好一点。”用赞美欣赏暖身的禁忌是

"但是"一词，不要用"但是"，否则会让对方的激情一下冷下来。泼冷水是最忌讳的批评之策，分享完你的欣赏之后，给对方吸收的时间，再用建议的方式提出批评，会好很多。

4. 用影射的方式批评

某些具有批评意义的寓言、小故事，都能够委婉地批评、劝谏他人，而不引起对方的反感。当然也可以现编一些类似的小故事或其他人的事来委婉地告诫对方他的荒谬之处，也能给对方留面子。

只要是善意的，谎言也美丽

《最后一片叶子》是美国作家欧·亨利的一篇短篇小说，故事是这样的：

在某医院的一个病房里，身患重病的病人房间窗前有一棵树，树叶被秋风一刮，一片一片地掉落下来，病人望着落叶萧萧、凄风苦雨的景象，身体也随之每况愈下，一天不如一天。她想，当树叶全部掉完时，她也就要死了。一位老画家得知后，被这种悲泣深深打动了，他用画的树叶装饰树枝，使那位濒临死亡的女病人坚强地活了下来。

生活中也不乏这样的事例，作为医生，面对一个生命垂危的重症患者，为了宽慰他，医生会对病人说："只要配合治疗，很快就会康复。"几乎没有一个医生会对病人说："你根本没有希望了，很快就会死。"同样，作为病人亲友，在去探望病人时，即使知道他活不了几天了，也要与医生配合，把谎说下去，让病人满怀信心地接受治疗。因为生命本身有时是会创造奇迹的，即使没有奇迹出现，让病人充满希望地多活些日子也是一种人道的表现。这个时候，说谎就是善意的。

所以，说谎也是一门艺术，尤其在某些场合面对某些人，说假话绝对比说真话的效果好，如果说谎的技术再高明些，把假的说成真的，把真的说成假的，可能更能达到意想不到的效果，所以有些谎话是非说不可的。

比如一个肥胖的女人跑到你面前要你评论她的身材，你倘若实话实说——猪头脸，水桶腰，是个实力派的肥姐。对方听了你的话，一定会脸色铁青，肥肉乱颤，即使当场不发火也会在心里仇恨你一辈子。

俗话说“矬子面前不说短话”，伤了人家的自尊，还弄得自己一鼻子灰。每个人都有缺点，但是谁都不想被别人指出缺点来。所以，人见人爱的女人就要一句话十样说。例如面对上面那个肥胖的女人，就不妨用“丰满”来代替“肥胖”。

再比如你把很久之前朋友所托的事情忘得一干二净，当朋友问起的时候，你才恍然一惊：早已忘得一干二净了。如果这个时候你无奈地摇了摇头，两手一摊，说：“不好意思，我真的忘记了，我立马办。”这个时候，对方可能会表面上装出无所谓的表情，但内心肯定会把你责备得体无完肤。

有这么一个故事：

王员外家添了个孙子，在孩子满月的那天，来了许多庆贺的宾客，大家边看着孩子边有意无意地闲谈。

李秀才说：“令孙将来一定福寿双全，飞黄腾达，富贵荣华，光宗耀祖！”

罗秀才说："人都是一样的，这孩子将来也会长大、变老、死去！"

李秀才受到热烈的欢迎，被奉为上宾；而罗秀才则受到客人的鄙视、主人的嫉恨和冷遇。

难道罗秀才说的不是实话吗？当然是实话，可这种实话是不中听的。相反，李秀才说的极有可能是假话，一个人"福寿双全"是很难的，但这种假话却讨得了主人的欢心，因为主人正是这么期望的。

礼节性的语言和奉承话可给人们的幻想与虚荣心带来极大的满足，使人从困境与艰难中摆脱出来，它让人觉得自己在别人的生活中是受到尊重与重视的，因此它在生活中也是必不可少的，所以法国思想家卢梭在《忏悔录》中说："我从没有说谎的兴趣，可是，我常常不得不羞愧地说些谎话，以使自己从不同的困境中解脱出来。有时为了维持交谈，我迟钝的思维、干枯的话题迫使我虚构一些事情以便有话可说。"文学家林语堂先生也曾说过："什么是中国人的教养？我一直苦苦思索，于是发现了以下三点：一说谎；二具有像绅士一样说谎的能力；三以幽默感理解自己心境的平静，并且对地球上的任何事物都不过于热衷。"

因此，从某个方面而言，谎话也是生活的必需品，可能有的人认为说谎是不诚实的行为，但如果你非要实话实说，很直接地对一个长相不怎么样的女子说"长得这么丑就不要出来吓人了"，这简直就等于逼着人家自杀。

生活中，会说谎话，把谎话说得滴水不漏，是应该的也是必要的，你好我好大家好，何必那么较真呢？那么，我们该怎样在不伤害他人的情况下，说一些善意的谎言呢？

1. 不能说出自己的真实想法，就要编造一个谎言

有时直言自己的真实想法对别人来说的确是一个残酷的事实，毕竟人们对赞美之词的喜欢总是多于贬斥的词语，这也是阿谀奉承之人大有市场的缘由所在。所以，聪明的你要学会逆自己的想法而行，要会把一些真话放在心底。

2. 不需要把自己的过去都告诉别人

每个人的过去都会留下几个污点，但只要此时你飞黄腾达，谁又会想到你也有过不堪回首的过去呢？可一旦你的过去被公之于众，你在众人心中的形象就会大打折扣。所以，不必把自己的过去一五一十地告诉别人，偶尔要撒一下谎。

3. 说谎能省去很多解释的话语

假如你和一位异性同事出差，晚上来到宾馆，不幸的是旅店只剩下一个房间。无奈，你们决定共处一室将就一晚。当然，那一夜你们什么都没有发生。可回来后，就有好事的问你：“孤男寡女外出办事，晚上怎么睡？”这时，你撒谎说一人睡一间就可以避免很多解释。

第五章

语言幽默好沟通，有气氛才好说话

幽默是一种特殊的情绪表现，它是人们适应环境的工具，是人们面临困境时减轻精神和心理压力的方法之一。俄国文学家契诃夫说过：不懂得开玩笑的人，是没有希望的人。所以，言语幽默容易使人产生好感。与人交谈时，如果能及时说点幽默话，不但能为自己解决一些不必要的麻烦，还可以塑造自身形象，烘托谈话气氛。

借题开场，打开交流的通道

借题开场幽默术是借助自己前面的人的某句话或周围的某个事物作为话题，通过超常的发挥，从而开始你的讲话的一种幽默技巧。俗话说："万事开头难"，说话自然也不例外。特别是当你被要求演讲时，当你路遇自己喜爱的异性，想打破僵局时，怎样开场，总是一件很棘手的事，甚至是很难为情的事。不过，真正遇到这种情况，你不必紧张。静下心来想一想，先前有没有可借助的话题，比如周围的事物、天气、衣着、长相、姓名、动物等。借题开场幽默术就是帮你解决这种困难的，它要求你克服怯懦、找准话题、荒诞发挥。克服怯懦所需的是知识准备。荒诞发挥，产生幽默是最终的目的。一般情况下，当你的幽默效果出来了，听众发笑了，你与对方的心理距离就缩短了。这样，再转入正题，听众就会对你感兴趣，放松心情，集中注意力去听，所以接下来你的讲话就会顺当多了。

林非是中国著名散文研究家。在一次全国散文研讨会上，主持人邀请林非发言。在发言中，他以一些代表的房间门上贴的"请勿骚扰"为例，谈语言的轻重问题。

当天晚上，他很想听听代表们对他的谈话的意见，就来到一间门上贴有"请勿骚扰"字条的代表的房间。

一进门，他便笑着对在座的人说：“各位，我现在来骚扰大家了！”

大家一见是林非，立即站起来说：“欢迎骚扰！欢迎骚扰！”

就这么两句话，使得整个房间的气氛活跃起来。大家互相问候，然后畅所欲言，各抒己见，就散文的语言问题展开了热烈的讨论，在这次谈话中，大家都觉得获益匪浅。

按理说，林非就“请勿骚扰”为题，谈了散文语言的轻重，大家可能会对他有些看法，但是大家却谈得十分愉快，这与林非制造的谈话气氛有关。

一句“我来骚扰大家了”，这种谈笑式的语言消除了人们之间的陌生感，密切了大家之间的关系，所以谈话能收到良好的效果。

胡老师有一次被邀请到外地一所大学去讲学。至于怎样开讲，胡老师心里也没谱，如果按照常规的开讲：“老师们、同学们：大家下午好！很高兴来到你们……”也未尝不可。刚巧，听到主持人介绍：“下面就请胡老师来给大家作报告。”胡老师灵机一动，拿过话筒，接着说道：“我不是来为诸君作报告的，我是来‘胡说’的。”话音刚落，听众大笑。

这个开场白既巧妙地介绍了自己，又体现了演讲者谦逊的修养，而且活跃了场上气氛，沟通了演讲者与听众的心理，一石三鸟，堪称一绝。胡老师的幽默在于巧借自己姓氏和主持人的介绍作题，反其意而用之，“胡说”一词作为点睛之词，幽默效果自然而出。

总之，借题开场幽默术的关键在于找准话题后，展开想象的翅膀，敢于利用谐音、修辞等各种手法，往荒唐、虚幻的地方想。千万别死心眼，傻乎乎，越是敢于“调皮捣蛋”，越是善于“胡说八道”，越是逗人喜爱。

咬文嚼字乐趣多

一个人读书写作或说话时过分注意某些字词的运用，以至达到了烦琐复杂的程度时，人们就说这个人是在“咬文嚼字”！所以一般来说，没有人喜欢戴上这样一顶惹人心烦的大帽子。可是咬文嚼字还是门“艺术”呢！事实上，只要你“咬”得巧，“嚼”得妙，这里面就能品出许多意想不到的味道来哩！

咬文嚼字幽默术就是指人们在语言的应用中抓住个别字、词做文章，将它加以臆测和解释，从而引起幽默效果的幽默技巧。一般而言，可以有意识略去该字、词的本义不用，而是从其表面入手，“望文生义”，给它硬造出一种貌似“合理”的解释来。请看下面这则幽默中的父亲是怎么强不知以为知地咬文嚼字的。

儿子有一天捡到一张旧药单跑来问父亲：“爸爸，为什么这张纸上写着‘复方’和‘单方’，这是什么意思呀？”

爸爸对医药知识一无所知，但又不想在儿子面前失面子，就随口说：“所谓‘复方’，就是说要反复吃多遍才能有效的药方，所谓‘单方’，当然就是说只吃一次就可以治好人的病的药方啦！”儿子佩服地点了点头，紧接着又问：“那么要是‘复方’，‘单方’都没写呢？”

“那就是说不用吃也能见效呀！”父亲不无得意地回答道。

人们常说：“闻道有先后，术业有专攻。”无论多么渊博的人，都会有不知道的知识，这是很正常的事情，可是我们上面看到的这位父亲宁可胡编乱造，歪曲事实，也要给儿子一个“解释”，替自已争一分颜面。解“复方”为“反复使用的药方”，跟解“单方”为“使用一次的药方”是一个道理，说穿了就是一种望文生义。

历史课上，老师正向同学们讲授我国原始时代人类祖先活动的有关情况。

“据考古发现推测，‘北京人’距今天大约已有50万年的历史了！”老师不无自豪地向同学们介绍道。

“哦，老师，我想提个问题，”有个学生怯生生地问道：“那么上海人呢？”

课堂上一片哄笑，老师也被搞得啼笑皆非，一时无可收拾。“北京人”在这里指的是我国境内所发现的一处石器时代早期人类的代表类型，但学生误将这与今天我们通常意义上的行政区划分相联系，从而节外生枝，问出了这样荒唐的问题，连老师也穷于应付了！

由此可见，当表达方式过分相同的字词处于不同的语言环境时，相应的就可能包含有完全不同的意义。差之毫厘，谬以千里，相映成趣的幽默魅力就是在这种虚实真假之间的强烈对比当中自然而生的。

掌握这种咬文嚼字幽默术相信对于大家来说并不难，日常生活中可以随手拈来，可“咬”可“嚼”的例子简直数不胜数，难就难在怎样去掌握好这个“度”的问题。比如应注意使用的场合，尤其是在很正规、严肃的场合中更应慎之又慎，否则很可能会被人指责为“幽默过头”“耍嘴皮子”，那样也就有违于我们制造幽默的初衷了。

但愿大家都能在适当的场合中使用这种幽默术，幽默的乐趣就在一“咬”一“嚼”之间！

字词拆合，凸显另类的幽默

语言之所以能够产生幽默，不外乎两个特点：一是一语多义或一义多语；二是音同字不同或字同音不同。谙熟幽默技巧的人往往抓住语言的上述特点，或是变换场合，或是强作扭曲，引人联想，从而产生幽默诙谐的情趣。而字词拆合幽默术与此有所不同，它虽然也是语言幽默的一种，但它是从语言的组合和结构特点入手，并兼用上面我们提到的语言的其他两个特点，以个别字、词的拆离或组合为手段造成歧义，从而构成幽默的技巧。

一位朋友对我讲起丈夫与她之间的一次吵嘴。她对我说："他有很多优点，但有一个特别大的毛病，那就是懒。让他干点活的时候，他总是满脸痛苦的样子。有一天，我实在对此忍无可忍了，就开始质问他：'你到底是懒，还是有病？如果是懒，从今天起必须分担一部分家务；如果有病，我宁愿侍候你一辈子！'他笑嘻嘻地回答了两个字：'懒病。'"

丈夫不愿干家务，引得贤内助满腹牢骚，终于决心给他一次"最后抉择"的考验。看上去两人之间剑拔弩张，非大闹一场不可了，但丈夫却灵机一动，幽她一默，巧妙地化解了一场口舌之争。

丈夫断章取义，从妻子所提出的前后两条"建议"中分别抽出了两个字："懒"和"病"，使其意义与原来截然不同了。

按常规处理办法，面对妻子二者必居其一的要求，许多人为了挽回“一家之长”的“面子”，一定要跟妻子争个上下输赢来。但这是一种最不可取的做法，常言说得好，“家不是讲理的地方”。的确，在家庭中应该讲爱，讲夫妻之间的体贴和关心。另外稍微明智一些的人立即会察言观色，做出妥协，以换得夫妻感情上的融洽。但最上策则莫过于上面提到的那位丈夫了，“懒病”二字道出一种令人无可奈何的狡黠，让火冒三丈的妻子一下子火气全无了，这样不是更进一步增强了夫妻之间的友好和默契吗?

上面这位朋友的丈夫采用的就是典型的字词拆合的幽默技巧。在应用中，拆未必一定要和合联系在一起进行，“一步到位”的简单的拆离同样可以起到幽默的效果。

字词拆合幽默术的运用是对一个人应变能力、文化素质等综合因素的一种考验，因此具有较高的难度。冰冻三尺非一日之寒，只要我们能不断地从生活和书籍的海洋里汲取知识，就一定会在看似平淡无奇的一字一词中发掘出智慧的幽默!

简话繁说，谈话的气氛需要这样调节

简话繁说就是把一个可以简明扼要表达清楚的意思改用繁杂冗长的方式表达，一简一繁之际，显明的反差因而形成，这样也就符合幽默的一般原理了。由此可见，简话繁说不仅仅是一种谈话的方式，它同时也是一种常用的幽默技巧呢！简话繁说并非毫无目的地故作高深，劳人口舌。首先，简话繁说可能是由于说话者对于某一难以启齿的问题采取转弯抹角的办法予以解答，以避免自己的难堪；第二种可能就是想针对某一事物表达自己的真实看法，但又考虑到对方难以直接接受，遂以繁杂的论述表达同样的意思，借以缓和语气。

简话繁说幽默术的特点在于掩饰说话内容的本来面目，待论述的“竹笋”一层层剥开以后，听话的一方才恍然大悟：原来是这么回事！从而使幽默感顿生。

我们先看第一种情况：说话者用简话繁说幽默术为自己解除尴尬。

有一位朋友非常喜欢下棋，但由于棋术不高，屡屡败北。

有一天不幸又连输三局，心中不安，恰遇他一同事。

“成绩怎样？”同事有心拿他取笑。

“这……”朋友一时顿住，随即答道：“第一局他没输；第二局我没赢；第三局我想和，他不肯。还好，还好！”

其实这位朋友说了一大堆，只有一个意思，那就是：三局全输了。但是他不是真言其实，也不是矢口否认事实，而是简话繁说。这样就委婉风趣地回答了对方，从而使自己摆脱了被人嘲笑的僵局。一句话分为三句话，却不显得冗赘，妙语连珠，可谓临难巧辩的一个绝招！

有一个年过50的贵妇人，每天总要花大量时间打扮。一次她碰到了一位著名的社会活动家，便问对方，看她有多大年纪。“看你皓洁的牙齿，只像18岁；看你蓬松的头发，不超过19岁；看你苗条的腰身和涂满胭脂的脸蛋，顶多20多岁吧！”社会活动家详细地评论道。

她一时高兴得不知怎么办才好。于是又问道：“敬爱的先生，您的眼光真是太准了，可是您能准确地说一下，我究竟像几岁？”

“这太容易做到了。只要把我刚才说的三个年龄加起来就可以啦！”对方风趣地说。

这是一个用简话繁说技巧委婉表达自己观点的例子。贵妇人的文过饰非足以说明她是一个极好面子的人。如果有人直来直去地告诉她真话，她要么会气个半死，要么会羞愧难当，下不了台。对方抓住了她的这一心理特征，简话繁说，既不伤她颜面，又不违心阿谀，这种做法无疑是可以肯定的。

活动家故意含混其词，从贵妇人外貌的三个方面分别评论其年龄。从牙看，是 18 岁；从头发看，是 19 岁；从腰身和脸蛋来看，是 20 岁。这三种估计都令贵妇人非常满意，她坚信自己化妆有道，足以欺骗许多人呢！

活动家巧做手脚，表达了自己真实的观点。当然，像活动家这样的“选加计龄”法是没有任何道理的。它不过是用来完成自己“诡计”的一个工具罢了。活动家一言既出，简话繁说的目的也就达到了。于是双方只能在心照不宣中捧腹一笑！简话繁说幽默术的运用切忌超过一定的“度”，否则就会造成材料的堆砌或者教条的雷同与反复。繁而不乱，繁而不空，这样就能达到幽默的基本要求了。

“反弹琵琶”要“弹”到点子上

“反弹琵琶”也是一种幽默的语言技巧。简单来说，把原本要表达“是”的意思，故意用“否”的形式说出来，也就是用相反的词语表达本意，目的是使反语和本意之间形成交叉，使听者从字面的含义领悟到相反的本意，从而发出会心的一笑。

一个好久不见的朋友，突然见面了，发现他长胖了不少。你可以这样调侃："你最近越来越有膘了！"这样带点戏谑性的幽默似乎并不难，但如果换成："啊！你怎么越来越苗条了！"反弹琵琶的幽默表达则会令你的朋友嗔怪地笑起来。

反弹琵琶，虽然字面上让人难免感觉很突兀，似乎有些荒诞不经，但是深层里却又传达出另一层意思，虽然没有明言，双方都心照不宣，前后两层意思的碰撞就产生了幽默。

反弹琵琶，如果你运用得好，就能使话语含蓄风趣，跌宕多姿，产生出人意料的"笑果"，更会让幽默耐人寻味、增辉添彩。那么，我们该如何运用反弹琵琶这一谈话技巧呢？

1. 对不便直说的话题

与人交谈中，总会遇到一些难以说出口或不便直言的话题，这时如果你反弹琵琶，从相反的角度加以正话反说，把话说得圆滑一些，使语意软化，含蓄地表达出自己的见解，转而烘托你本来要直说的意思，既可以化解彼此的尴尬，又便于听者接受，运用得当，不乏幽默诙谐。

一位导演问观看他作品的观众："看过这部电影，你们有什么看法？"

观众说："很好呀！大家都说您拍的电影总是说出观众所想，与观众的欣赏水准非常一致。"

导演又问："那么为什么影片没放完，人就几乎都走光了呢？"

观众说："因为影片怎样结尾，观众早就料到了，这简直是导演和观众心有灵犀一点通啊。"

观众的话正是反弹琵琶的典型，表面上句句夸奖导演，实则是婉言贬低，而其言语风趣之处，让人忍俊不禁。

2. 表达内心的不满

当你需要表达内心的不满或批评时，也可以使用反弹琵琶的幽默技巧，用委婉而含蓄的话表达你真实的意思，让听者自己去领悟其语言的内在含义，这样更容易被听者所接受。

一位客人在饭店吃饭，结果端上来的米饭中吃出了不少砂子，客人把砂子吐出来，一一放在桌面上，服务员看到后很不好意思，于是语含抱歉地问："全是砂子吗?"客人摇摇头，微笑着说："不，也有米饭。"

吃饭自然是吃米，但是面对碗里的砂子，客人并没有直接指责，而是顺着服务员的意思，说出了一句充满睿智的话，既否定了服务员"全是砂子吗?"的问话，也表达了自己的不满。这种反弹琵琶的表达往往更让人容易接受。当然，这也更能展示出说话者的幽默感。

3. 解决过往的矛盾

有时候，反弹琵琶的幽默还能帮助你化解过去因为一些矛盾而导致的紧张关系。

2006年，克林顿和老布什二人有缘携手一同为募捐"公开秀相声"。老布什首先发言，一上台，他便谈及1992年与克林顿的往事。克林顿接着说："各位看到布什怎样为1992年竞选失败而报复了！我要沦为他的配角了，我会因此受到责难。"又说，"布什做总统时，日子过得比我消停。布什没少讲笑话，如果我自己讲这些笑话，纽约报社会杀了我。"

由于两人一直是政治宿敌，在1992年的总统竞选时还曾相互揭短，彼此争得你死我活。但是现在作为普通人，他们也就不计前嫌、过往不究了。于是克林顿利用这次机会，以平和的心态，通过正话反说的方式主动地与老布什和解，让两人之间的关系以幽默的方式得以冰释前嫌。

4. 表达自己的赞扬

在一些特定场合，把一些人们习惯从正面来陈述和肯定的意思，偶然出人意料地用反面话来说，引起人们的惊愕，然后突然揭示出话语的真正含义，这样更能使语言的表述更加幽默风趣，寓意深长。

在一次演讲中，某演讲家打了一个比喻，说："男人，像大拇指；女人，像小拇指。"话音刚落，全场哗然，女听众们强烈地反对演讲家的这一比喻，认为这是在贬低女性。演讲家立即补充道："女士们，人们的大拇指，粗壮有力，而小拇指却纤细、灵巧，而且可爱，不知诸位女士，哪一位愿意颠倒过来？"这句妙解立即平息了女听众的愤怒，她们相视而笑了。

演讲家用大拇指比喻男人，以小拇指比喻女人，几乎引起会场的质疑声，因为在一般人的观念里，大拇指是强者、优秀、完美的象征，而小拇指则是弱者、差劲的象征。但演讲家实际上是蓄意反弹琵琶，成功地惹得女听众不满之后，突然把原比喻翻转过来，揭示其正面意思，这更能给人以长久的回味。而其话语中蕴含的风趣诙谐，则让听者会心而笑。

用自我解嘲摆脱尴尬局面

人非圣贤，孰能无过，每个人都会有缺点、失误，以及出现尴尬的情况。在人与人之间的相处中，当对方做错了事或误了事的时候，如果遮遮掩掩，或者极力辩解，往往会越描越黑。反之，如果能自我解嘲一番，不但可以使自己摆脱别人的嘲笑，成功地搏对方一笑，还可以显示出自己的风度和机智。

古代有个石学士，一次骑驴不慎摔在地上，一般人一定会不知所措，可这位石学士不慌不忙地站起来说："亏我是石学士，要是瓦的，还不摔成碎片？"一句妙语，说得在场的人哈哈大笑，自然这石学士也在笑声中免去了难堪。以此类推，一位胖子摔倒了，可说："如果不是这一身肉托着，还不把骨头摔折了？"换成瘦子，又可说："要不是重量轻，这一摔就成了肉饼了！"

由此可见，自嘲时要对着自己的某个缺点猛烈开火很容易妙趣横生。自我解嘲还可以缓解他人的压力，让别人觉得你有人情味，更能赢得别人的喜欢与亲近。美国前总统布什也很善于使用自我解嘲来调节气氛。

布什卸任后赋闲在家，常常牵着小狗在公园里溜达。由于美国法律对环境有着非常严格的要求，即便是宠物也不能随地大小便，所以布什常常提个方便袋跟在自己的狗后面，时刻准备着接住小狗的粪便。不少人因此前来围观，一些不怀好意的人甚至讽刺说："瞧瞧这就是美国的总统，居然还得当一个小狗的随从。"

听了这样的话，布什并没有表现出不悦，而是自嘲地说："我卸任后在家被夫人使唤做家务，刷盘子成了我的'新内政'，我闲时遛狗还不得不提着塑料袋为狗做'善后'工作，当初我就是为躲着不去做这些事才去当了8年的总统。"

这样一来，围观的人就不方便说什么了，而且心里还佩服布什总统有风度，很幽默。

适时地来几句自嘲式的幽默，往往会收到妙趣横生、意味深长的效果，使人感到你的可爱和浓浓的人情味，从而由衷地喜欢你、赞美你。

佩迈尔是美国传奇式的篮球教练。他曾带领着欧洲迪鲍尔大学的篮球队在国内比赛获得过39次冠军，许多球迷为之倾倒。可是，他的球队在蝉联39次冠军之后的一次球赛里，却遭到一次空前的惨败。比赛一结束，记者们蜂拥而至，把他围了个水泄不通，问他这位败军之将有何感想。他微笑着，不无幽默地说："好极了，现在我们可以轻装上阵，全力以赴地去争夺冠军，背上再也没有冠军的包袱了。"

有时候，太生硬的语言是很难让人信服的，相反，把语气放软一点，换一种幽默的说法，则可以增强你的交际能力和谈话效果。有些幽默高手，即使遇到令人尴尬的问题，也能使问题迎刃而解。

有一次，德国著名的霍夫曼将军举行宴会，许多客人受邀而来。

当宴会进行到一半的时候，一个服务员上前给霍夫曼将军倒酒，却因为在无意中与将军对视了一眼，一时紧张，将酒都洒在了将军的头上。

将军是光头，洒到上面的酒流下来，弄得脖子上、衣服上到处都是，看上去非常狼狈。在场的所有人都不禁为这个服务员捏了把冷汗，屏住呼吸，等待着霍夫曼将军的训斥。

出乎意料的是，霍夫曼将军神色轻松地拿出手帕擦了擦脑袋，微笑着对服务员说："小伙子，我这脑袋已经秃了20年了，也曾试过你的这个方法，谢谢你，可我还是得告诉你，根本不管用！头发长不出来。别紧张，请重新给我倒一杯，不过这一次可别为了我的头而努力了。"

这段话一说，在场的宾客不禁笑声一片，尴尬的气氛顿时荡然无存。宴会在轻松愉快的氛围中继续进行。

霍夫曼将军幽默、机智、简单的几句话，就把尴尬的局面扭转了，不但让那个可怜的服务员从尴尬和自责之中解脱出来，还让宴会增添了几分乐趣。在社交活动中，偶尔出现一些尴尬的情况实在是再正常不过了，但你决不能因此乱了阵脚。慌乱无补于事，又容易让别人觉得你很懦弱，并且慌乱更会引发别人的注意，越慌越容易出错，会导致情况进一步恶化。如果此时，你能保持镇静，巧妙地运用幽默，给自己或他人搭一个台阶，那么尴尬自然会烟消云散。

可见，适时适度地"自嘲"，是不失为人的一种良好修养，也是一种充满魅力的交际技巧。它不仅能展示自我解嘲者的机智、镇静，还能展示其豁达、自信的心态。一次好的自我解嘲，往往能让人转移注意力，从而使自己摆脱尴尬的处境，并且赢得别人的好感。自我解嘲要求具备豁达、乐观、超脱的心态，同时，还要有足够的自信心。因为只有足够自信的人才能拿自身的失误、不足，甚至生理缺陷来"开涮"，对丑处、羞处不予遮掩，反而把它放大、夸张，最后巧妙地引申发挥、自圆其说，博得众人一笑。

生活中，当你遇到尴尬的场面时，不妨也以神色自若的态度拿自己轻松地调侃一下，比如，如果有人说你的个子太高，你不妨说："哦，上面的空气比较好。"说你长相难看，不妨说："我这长相，的确对不起观众，上街都得备着钱，以防有损市容被罚款。"

当然，任何时候，用自我解嘲的方式调节气氛，一定要注意把握好分寸，掌握好火候，否则，失了分寸，过了火候，就容易发生误会。

来点"错误理解"，添点笑料

生活中如果所有的事情都一本正经地从事实出发，从常理出发，从科学出发，那就很难找到幽默的感觉了。反而是以一种轻松、调侃的态度，将一些毫不沾边的东西糅合到一起，却能产生很好的幽默效果。

我们平时写文章、说话时，都要求同一概念要前后一致，否则就是犯了偷换概念的逻辑错误，让人觉得前言不搭后语，文章狗屁不通，但是如果把这种方法运用到幽默中，却是一种绝妙的技巧。而且"偷"得越离谱，幽默的意味就越浓。在人际交往中，我们其实完全可以运用这种办法来调节关系，制造气氛。偶尔来点错误理解，能为生活增添许多笑料。虽然从表面上看，错误理解会给人一种表面糊里糊涂、既痴又傻的印象，但只要你运用得当，把过人的智慧都藏在糊涂之中，听的人心里头明明白白，自然能透过表象了解到幽默的趣味。而这种"错误理解"的技巧有以下几种：

1. 故意歪曲理解显幽默

这其实就是用似是而非的荒唐道理去解释某种事物，让其产生令人称奇、啼笑皆非的幽默之趣。

一次，一位青年因为对另外两位青年的恋爱不满，便跑去找陶行知先生告状："陶先生，您该管一管了，您看他们实在太不像话了，简直把恋爱当饭吃！"

"是吗？"陶行知听了这话，惊奇地问，"他们真的是把恋爱当饭吃？"

"难道我说假的吗？我说的可是真的，陶先生，您一定要批评批评他们。"这位青年一听陶先生的话，以为取得了共鸣，就立即肯定地说。

陶行知听完后一字一顿地说："恋爱当饭吃，这不错，好得很嘛！我不反对。"

那青年一听，惊异地说："陶先生，请您不要说笑话，他们这样发展下去，对集体的影响是很大的！"

"哦？为什么呢？"陶行知佯装惊讶地问道。

"因为他们把恋爱当饭吃，如果不管，就会影响别人也把恋爱当饭吃。"

"那很好啊，我完全赞同。"陶行知一本正经地回答："假如今后你谈恋爱，我也希望你和他们一样。"

"陶先生您又说笑话了！"

陶行知笑笑，说："不！我可绝对不是说笑话，把恋爱当饭吃，这是人生最正确的恋爱观。人生每天吃饭不过三顿，按每顿10分钟，加个倍，一共也不过一个钟头。假如年轻人真能把恋爱当饭吃，每天只花一个钟头来谈恋爱，除了这一个钟头，其他时间都在专心地工作、学习，就可以发生力量，发生热，发生光。一句话，就可以使一天的工作和学习得到更大的成效，这岂不是很好吗？我想应该是很好的。并不是怕你们把恋爱当饭吃，恰恰相反，我就怕你们不把恋爱当饭吃，而是把它当作工作和学习，当成生活的全部啊！”

显然，陶行知先是肯定了“把恋爱当饭吃”的错误说法，让这个青年很不解，认为陶行知是在说笑话。但是，陶行知随后的那一番入情入理的分析，又让青年顿悟，喜笑颜开。

这其实就是避开主要矛盾，把次要矛盾故意歪解，造成同一词语下的不同语境。生活中许多时候都能用上这种方法，就像说“水这么烫，怎么喝?”“用嘴喝。”一样，故意避开“烫”这个主要矛盾，回答“怎么喝”这个次要矛盾——“用嘴喝。”谁都知道，喝水自然要用嘴喝，但是在这种语境下，就有了些幽默的趣味。

当然，需要特别提示大家的是，故意歪解虽然是“歪解”，但是要歪解得巧，这样才能产生幽默的效果，否则只会让人觉得可笑。

首先，你要把握你的意思可以顺畅地贯穿于你所说的内容；其次，你要让对方明白你是在歪解，但是你却能自圆其说，这样才能达到理想的效果。

2. 问东答西，笑料不断

问东答西，其实就是我们常说的答非所问，就是不根据对方的问题或是有意偏离逻辑规则回答问题，回答时并不直接回答对方的提问，而是在形式上响应对方的文化，通过有意地错位回答让人笑料不断。

一天，一个人有意刁难瑞士大教育家彼斯塔洛齐，向他提出一个问题：“你能不能从襁褓中就看出，小孩长大以后会成为一个什么样的人？”彼斯塔洛齐回答得很干脆：“这很简单。如果在襁褓中是个小姑娘，长大后一定是个女人；如果是个小男孩，长大后就会是个男子汉。”

彼斯塔洛齐巧妙的回答既避开了别人的有意刁难，也让人听了不免会心一笑。

3. 偷换角色达到幽默效果

在某些场合，将所指的对象由自己换成他人，或者在明确理解对方所指的对象之后，另外虚构一个不同于对方原本所指对象的新对象，并对新对象说出你的幽默话语，也能起到很好的幽默效果。

一天，全村的人都来为一位九十九岁高龄的老人庆祝生日。由于村里出了这么一位远近闻名的寿星，村长很高兴，一到老人家里，村长就迫不及待地向老人祝寿：“老伯，我给您拜寿来了，希望明年还能给您庆贺百岁大寿！”

老人听完，上下打量了村长一番，故作严肃地说：“为什么不能呢？你的身体好像还挺结实的嘛！”

这位老寿星就巧妙地运用了偷换角色的技巧。原本是村长赞美老寿星的身体好，而老寿星却把所指对象由他换成了村长，从而造成了一种幽默效果。

在用这一技巧幽默时，一定要不着痕迹，无论是实指，还是虚构的对象，都要顺理成章，不可牵强附会。为了达到这一要求，偷换的角色或是虚构的角色最好是跟你这个角色本身就有着某种可比性或者关联性。

调侃得体才受人欢迎

倘若自己在无意间说错了话，不妨对自己进行一番善意的调侃，这样不仅可以转移对方关注的焦点，而且还可以在无形中照顾到对方的自尊心，从而使因你说错话而导致的紧张气氛得以缓和。

新生入校第一天的晚上，宿舍里按照大小排序结束后，老五对老六说："你最小，是我们的宝贝疙瘩，你又姓王，干脆以后叫你'疙瘩王'好了。"

谁知说者无心，听者有意，原来老六长了满脸青春痘，这是他心里的一个结，今天又听老五说了这番话，脸色明显阴沉很多。老五也意识到自己说错话了，他赶忙照着镜子说："'蜷在两腮分，依在耳翼间，迷人全在一点点'。唉，小六儿啊，我这真是'一波未平，一波又起'啊！"老六听后不禁哑然失笑。原来，老五本人满脸都是雀斑。

这个老五的自我纠错术堪称高明，当他意识到自己冒犯了他人后，便立即进行了一番自我调侃，并巧借余光中的诗句点明自己也有满面雀斑的缺点。"一波未平，一波又起"，既是对自己面部雀斑分布形状的自嘲，又为有口无心而惹来风波的自责。老六当然也明白了，因此便不再生气。

可见，拿自己调侃，能制造和谐的氛围，能使自己活得轻松洒脱，使人感受到你的可爱和人情味。

当然，拿自己调侃，不是自我辱骂，不是出自己的丑。拿自己开涮是一种说话的方法、技巧，如果能把握好分寸就能在适当的时候很好地帮你解围，让你和谈话的对方都能摆脱尴尬的境地。那么，如何才能让调侃更得体呢？

1. 以调侃对调侃

一个人不仅要能幽默和调侃他人，而且要能接受他人的幽默和调侃。理解和接受他人的幽默对自己不无益处，因为任何人都处于社会关系之中。我们可以拿别人开心，别人当然也能拿我们开心，这样才能做到同他人一起欢笑。对于他人给予我们的幽默，可以用自身的幽默来接受他人的幽默。

在一次施工爆破之前，有位新闻记者半开玩笑地向工人提出一个问题："你们在爆破时如何处理那些碎石和灰尘？"工人也幽默地回答："我们向包装公司定制了一个特大塑料袋，用直升机把袋子吊到楼的上空扔下来。"记者听了之后同工人一道哈哈大笑，关系马上融洽起来。

2. 把笑话和动作结合起来

在调侃术的运用中，故作蠢言还可以与故作蠢行结合起来。

在一次聚会上，卓别林要了一只苍蝇拍，追打一只在他头上飞的苍蝇，好几下都没打着。不一会儿，一只苍蝇停在他面前了。卓别林举起了苍蝇拍，正要给它以致命的一击，忽然停住了，他仔细看了一会儿，把苍蝇拍放下了。人们问他为什么不打，他耸了耸肩膀说："这不是刚才缠着我的那一只。"

这个举动和说法，看起来是非常愚蠢的。但是，卓别林的幽默却正在于此。他不仅解脱了自己打不着苍蝇的窘态，更使大家钦佩他的机智和幽默才能。这种"自我调侃""自我解脱"，还需要有一种拿得起、放得下的精神。

自我调侃的幽默是一种情感，是超越于实用性的原则的。人正是因为从实用和理性的习惯中解脱了出来才获得了更高的精神富足。对于实用的理性原则来说，人总是越聪明越好。但对于幽默原则来说，人有时故意说一些蠢话，做一些蠢事，才显出心灵的丰富。

3. “大言不惭”的调侃术

自我调侃的方法，是把自己有限的缺点夸大到荒谬的程度，甚至明明很聪明，却装作连普通常识都没有，说出一些显而易见的蠢话来，反衬出自己在智慧、教养和道德上的优越。而故作大言与故作蠢言一样，也都属于自我调侃的幽默法则之列。因此，在运用调侃术时，不仅仅可故作蠢言来自我调侃，也可用故作大言来自我调侃。

维克多从文化宫出来，正好碰到了他的一位女朋友。女朋友问他：“你玩得怎样？”

“玩得很开心！”维克多眉飞色舞，不无夸耀地说，“我打了网球，又下了象棋。嘿！既赢了著名的象棋冠军，又赢了著名的网球冠军。”

“你打网球、下象棋都这么行吗？”女友问道。

维克多说：“我和网球冠军下象棋，赢了他；后来我又和象棋冠军打网球，我也赢了他。”

故作大言的幽默，其实是幽默中最容易的成功者。

4. 调侃别人时要适可而止

据说，明朝有个人叫陈全，有一次误入皇家禁地，被一个大太监给抓住了。太监说：“听说你能够说笑话。你现在给我说一个字，把我说笑了，我就放了你。”陈全于是说了一个“屁”字。太监不解，问是什么意思，陈全于是说：“放也由公公，不放也由公公。”

太监大笑不止，连说："放了！放了！"

陈全的一个"放"字，同时说了"放屁"和"放人"两个意思，自嘲了一番，就被放走了。这虽然算是皇宫深院里的无奈，但无奈中的处世，也可以算得上是一种豁达。

调侃术具有很强的刺激作用，像"橡皮榔头"打人，未见皮肉破裂，但能致人内伤。运用调侃术调侃别人时应慎重，点到为止。

5. 审时度势，相机而用

有人讲了这样一件事：

一位大学生为谋职四处奔走。他走进一家报社问道："请问你们这里需要一位编辑吗？"

"不需要。"

"那需要记者吗？"

"也不需要。"

"那么要一位印刷工人吗？"

"不要，我们目前没有职务空额。"

"那你们一定需要这种东西。"大学生边说边拿出一个制作精美的标牌，上面写着："本社满员，暂不录用。"

这个富有创造性的谈话使这个大学生备受青睐，结果他被录用了。可见，幽默可以导致创造，可以使我们更加灵活巧妙地解决难题。

调侃术虽有一定的表达功能和很强的幽默功能，但也有明显的局限性，它不过是一种辅助性的表达手段，不宜到处滥用。比如，某些对话答辩、座谈讨论、调查访问等场合，就不宜使用调侃术，而应直抒胸臆、坦率诚实地吐露思想观点，介绍情况，回答问题。如果不看场合时机，随意使用，就会弄巧成拙。

第六章

留点空间给自己，说话要有回旋的余地

人际交往中的事常是复杂多变的，任何人都难预料以后会发生什么事，过早地把话说满，不留余地，就可能出错。说话不留余地就等于不留退路，将自己逼入死胡同。因此，我们说话时，要留点容纳“意外”的空间，给自己留下转身的余地。

说话有分寸，一定要把握好“度”

张弛新调到一个单位，他很想和同事们搞好关系，所以凡事总是热情主动。

一次，一位同事在家和太太吵架闹离婚。张弛听说后，以为同是一科室的，又都是年轻人，就“主动热情”地开导人家说：“咳，离就离呗，现在这年月，离婚正常，不离婚不正常。你没听，现在朋友一见面都这样问：‘离没？’……”张弛的话本属于半开玩笑的“无意”，可那个同事却听出“刺”来，认为张弛是“有意”对他奚落和嘲讽而大发脾气，弄得张弛很尴尬。

这一尴尬的产生就在于张弛没有掌握好说话的分寸，对同事的心理性格等缺乏必要的了解，一厢情愿地“热情主动”。结果说话不中听，让人扫兴不说，还引来误解。

与人相处，说话要讲究分寸。话太少不行，现代社会中的人大都属于社交型。那些少言寡语的人，会被大家看成不合群、不善交往，久而久之，就会被大家所孤立、难以跟别人亲近。不过，话多了也不行，容易让别人反感，而且也容易让别人误解，认为你是个轻浮、不稳重的人，还容易落下个“乌鸦嘴”的名声。因此，在现实的交际生活中，一定要注意尊重别人，把握说话的分寸，否则就会令人际关系恶化，最终导致为人处世上的失败。那么，我们该怎么把握说话的分寸呢？

1. 要注意随时关注对方的反应

与人交谈时，一定要时刻关注对方的反应，看对方是赞成还是不以为然，以便随时调整你的说法。如果发觉对方神情不屑，不愿意多听的样子，那你就应该果断地想办法收尾；如果发觉对方一副乐于接受的表情，那你就应该单刀直入，不要再绕什么圈子了；如果发觉对方一副怀疑的表情，那你就应该多作解释；如果发觉对方有想要插言的意思，那你就应该立即把话语权让给对方，请他发表意见。而对于他的回答，你要特别留神，注意其说话的语气。

比如，同样一个"哦"字，就有几种不同的表示："哦，"是表示知道了，"哦？"是表示疑问，"哦！"则表示惊讶。再如，对方说"好的，以后再谈吧"，这是在拖延，表示对方不肯接受；"好的，就这么办吧"，这是肯定，表示对方完全接受；"好的，我替你留意"，这是保守的回复，表示对方没有把握；"好的，我替你想办法"，这是肯负几分责任的意思；"好的，等我研究研究再说"，这表示原则上可以同意，而具体办法还需要进一步讨论；如果说"好的，你听我回信"，则意味着对方愿意帮忙。

你可以通过细细体味对方的回答，以此来了解交谈是否成功。不过要注意，那些老于世故的人，往往不肯给予直接的表示，这很容易使你误解他的真实意思，需要仔细辨别。

2. 表态时要注意分寸

与人交谈，免不了要对对方的话进行表态。这时你也要注意分寸，以免因此而失信于人。你认为可以办到的事情，可以回他"我去试试，不过成不成功我不敢保证"；你觉得他说得对的，那就回

“很好”或“不错”；你认为不对的，那就回“这个问题很难说，毕竟各有各的说法”；你觉得你无法办到的，那就回他“这件事太困难了，我恐怕很难办到”。

总之，表态时不要说得太肯定。太肯定的回答，最容易造成不欢而散的后果。任何时候都要给自己留些回旋的余地。如果遇到临时不能决定的事，那你可以说“等我考虑考虑，然后再给你答复”；或者说“等我和那边的人商量之后，再由他们给你答复吧”。

前者是接受与不接受各占一半，后者则多数是婉言拒绝。如果你如此回答了，对方却还唠叨不止，而你又不愿意再听下去了，那你也有几个方法可以应付，或者趁他说话的间歇，提起一个新的话题，谈谈别的事情，或者直接就说“好的，今天就谈到这里吧”，然后立刻起身，说声“对不起，再见，再见”。他自然就会终止谈话离开你。

3. 对不同个性的人，说话不同

由于每个人的个性不同，每个人的底线也会有所不同，这时只有针对他的个性，进行有针对性的说话，才能与对方交谈愉快。如果对方喜欢研究学问，那你说的话也应该有些深度才行；如果对方喜欢含蓄婉转，那你说话就不能太过直接；如果对方性格豪爽，那你说话也不要拐弯抹角……如果你的说话方式与对方个性相符，那自然也就能一拍即合。

4. 对不同交情的人，说话也不同

光了解对方的个性还不够，说话的时候你还要估量彼此的交情，如果交情还没有达到相当的程度，那么你的说话方式，虽然符合对方的个性，也可能犯下“交浅而言深”的错误，令人讨厌。

小齐是个性格直爽的人，他的领导也不失为一个性格直爽的人。有一次为了领导给同事的待遇过分刻薄，小齐自告奋勇地去向领导提出加薪的请求。

他一见领导，便开始慷慨陈词："经理，您现在给他们的待遇，不但不合理、不合情，简直是要逼他们离开公司。这对公司真的有好处吗？对你的事业会有帮助么？"

小齐自以为理直气壮，自以为和领导够得上有话直说的交情，谁知领导听了却很不高兴，不但没有采纳他的建议，反而反唇相讥，结果把小齐弄得异常没趣。

很显然，这不是话不投机，而是小齐错估了和领导的交情，还没有到说这种话的时机。对不同交情的人，说话也不同。大家应该多多注意，如果是死党，互相认识很多年，彼此都熟悉，那大可随便一些。如果是工作关系、同事关系，在正式场合，一定要记得管住自己的嘴，说话之前认真想一想。

留三分余地给自己

会说话的人在与人交往的过程中，总会根据实际情况，来把握说话的分寸。无论何时，都不会把话说绝，凡事都会保留足够的余地。所以，他们总能收放自如，让自己立于不败之地。相反，那些总是把话说绝了的人，一旦事情出现意外的话，只能让自己难堪。

陈玲是公司市场部的一个小组长，工作也挺认真负责，可是她有一个毛病，就是说话不留余地。上季度，她所带领的小组在业绩上遥遥领先，全组人都特别高兴。

前几天，公司接手一个新的项目，难度比较大，领导把这个项目交给两个能力比较强的组长——陈玲和江磊看，并且问道：“这个项目很重要，关系到公司未来发展，让你们做这个项目有什么问题吗？”陈玲一口回道：“放心吧，这事交给我，保证没有问题。”领导听了她的话，接着说道：“要是到时候没有完成任务呢？”“要是完不成任务的话，我主动从公司辞职。”领导听了她的话，没说什么，转过头问江磊。江磊把项目认真地看了看，说：“我以前与这类项目接触的很少，具体情况还要看操作的时候是什么样，现在不能一口肯定就一定会成功。但是如果你肯相信我，让我负责这个项目的话，我一定会尽自己最大的努力完成任务。”

面对两种不同的回答，领导选择的结果可想而知。

生活中，像陈玲这样的人很多，他们总觉得凭自己的能力，应该能完成任务。可谁能料到中间会不会出现意外情况，把话说得太绝对，反而让人不能信任。相对来说，江磊的话说得就比较谨慎，他先是分析了自身的情况，然后根据实际情况向领导做出说明，不把话说绝，让领导觉得他很诚恳，也让他自己有了回旋的余地。可是，有些人却只想承担别人不敢承担的事情，以为这样可以让领导发现自己过人的胆量。谁曾想到头来，却很有可能会让自己无法下台。

当今社会复杂多变，凡事都可能出现例外，要么成功、要么失败的逻辑已经不适合了，只有说话注意拿捏好分寸，不把话说绝，才能让自己进退自如。对于他人的询问，少一些肯定的语气，多用一些缓和、疑问的语气，有时会更有利于工作的开展。那么，怎样才能做到不把话说绝呢？

1. 从思想上先要把事情的不利因素考虑清楚

会说话的人，在做任何决定之前，都会先把利害关系考虑清楚，然后再做出决定，给予他人答复。即使已经胜券在握，他们也不能满口应承，而是事先给自己找好台阶，以防意外情况的发生。只有那些自以为是的人，才会做事不顾后果，只图眼前一时之快，这样做的后果，很有可能会给自己惹来很多麻烦。

2. 要注意措辞恰当

一个懂得说话技巧的人，在答复他人的请托时，会以“我尽量、我试试看，我认为”这类字眼作为自己的答案，而不是给予“我保证”之类的肯定答复。因为意外之事常常是很难预料的，说话先给自己留点儿余地，才是明智之举。会说话的人，总会恰如其分地表达自己的意思，说话留有余地，不会过于肯定，也不会给他人留下没能力的错觉。

承诺不是随便说说而已

人的一生要做出很多承诺，从答应孩子的一个要求，到请朋友吃饭，到帮助朋友解决麻烦，再到接受一个人的爱，这都需要我们做出大大小小的承诺。而许下承诺就要去兑现，中国有个成语叫“一诺千金”，就是说答应别人的事情一定要办到。所以能不能兑现承诺成了衡量一个人的人品和素质的重要标准。

但完成一个承诺，和一个人的时间、能力、条件等因素有很大关系的。兑现一个承诺就需要一定程度的付出与牺牲。所以，做什么承诺以及如何承诺，是一门学问，更是一门艺术。而会说话的人是承诺艺术上的天才，在承诺上总是能收放自如，一切都处理得游刃有余，不会让对方不满意，也不会因承诺而影响自己的心情和生活。

生活中，有时候尽管你非常有信心地答应别人帮助其解决事情，但对方还是满心狐疑地认为你是否在敷衍了事，或者认为你根本就是在夸海口、说大话，因此非要你许个承诺，告诉他哪一天哪一刻会把事情办妥，这样他才能安心地睡个好觉。

于是，一旦你非常爽快地说："这件事包在我身上，你就等着好消息吧！"对方就像收到了可兑现的支票一样，天天以债主的姿态向你讨债，似乎你实现诺言已经是天经地义、理所应当，你承诺了若不兑现，那就是你的不对了。所以，对别人许下了承诺就像欠了别人的债一样，你不尽快兑现就只有忍受被索债的痛苦了。

会说话的人通常的做法是，告诉对方说："我试试看吧，但办成的可能性不大，所以你也别抱太大希望。"这样一来，即使你最后办不成事，对方也不会责备你。因为你事先已经给自己留有了一定的余地。你已经尽力了，没有完成也没有办法。

但不管怎样，在你做出承诺的那一刻，对方会为你的热情而感激不尽，将美言美语都用在你的身上，让你自我感觉非常好。可是为了这种感觉，你却要赴汤蹈火地试图把答应人家的事情做得非常漂亮，但稍有掉以轻心，就愧对了对方的一番美言。因此，在做出承诺的那一刻，一定要想好了再说。那么，当我们面对承诺时，该如何做呢？

1. 不要答应所有的事

天有不测风云，在你实现诺言的道路上说不定冒出什么意外来阻挠你对承诺的兑现，而这些意外是无法预料的。因此，人见人爱的女人不会指天发誓地把所有的事情都应承下来，因为上帝常常是不会按常理出牌的。

2. 想不失信于人，就不要做出承诺

说到做到已成为我们的一贯观点，所以你许下承诺了，做到了当然好，没做到就是失信于人。而不会成为一个失信的人的唯一的秘诀是：永远都不要做出承诺。因为这样自己也永远都不会被责任所累。

3. 必须承诺时，尽量用“我尽力”取代“我一定”

人生在世，总有许多事情是不能或无法做到的，所以，暂时的承诺，不过是个缓兵之计。当然自己会努力去实现这份承诺，但能不能成功地实现，就要看天意了。所以，必须要承诺的时候，可以用“我尽力”取代“我一定”，而且不要承诺具体的兑现时间。因为没有说过“一定”，对方也便没有了责怪你的理由。

学会服软，把握“软硬”程度

小林毕业后进入一家小公司实习，经理为了考验小林的实际工作能力，就让他做一份策划。当小林做好企划拿去给经理看时，经理却只是摇摇头说了一句：“再改改吧。”小林当时很纳闷，可又不好意思再多问就走出了经理办公室，刚一出门就碰到了这家公司的元老级人物——谢主管。

谢主管就笑着问：“小林，是不是策划没有被通过呀，要不要我帮帮你。”小林没好气地来了一句：“就你，还是算了吧！”就头也不回地走了，此后好几次小林把改好的策划拿去给经理看，都被经理否决了，小林越发觉得郁闷，这时候他想到了谢主管。

小林来到谢主管的办公室门口，犹豫了半天，还是敲了门。进去后，谢主管一看是小林，就冷冰冰地说了一句：“林大学士，找我有何贵干呀？”小林一听，心想现在自己有事求人家，怎么也得说点软话吧。

于是小林就笑着说：“谢主管，您看您现在也是我们公司的老前辈了，在策划这方面又是把好手，你就帮我看看我的这几份策划案吧，帮我指点指点迷津。”谢主管听完后不屑地笑了笑，说：“你可是名牌大学的毕业生呀，像我们这种没什么学历背景的怎么能和你比呀，更别提指点了，不敢当呀！”小林听后心里很不是滋味，但停了一会还是开口说：“谢主管，我知道您虽然学历不是很高，但在实践这方面你可要比我们这些刚出茅庐的傻小子强很多呀，你老人家就帮帮我呗，你现在就是我师傅，师傅在上，请受徒儿一拜！”说着小林还深深地向谢主管鞠了一躬。

不论是在职场还是在生活中我们都要学会服软，学会说软话。这个世界很大，所谓天外有天，人外有人，不要觉得自己拿了名牌大学的文凭就可以只身闯天下，永远不要忘了知识来源于实践，那些书本上的知识也需要在实践中不断地得到完善，遇到自己不能独自完成的工作时要学会向资深人士请教。但是在请教中也要注重方法，说服软的话是必需的，可是也要把握尺度，不然服软的请教就会变成是献媚。那在聊天中，我们在说服软的话时应该注意些什么呢？

1. 要分清场合

说话一定要分清场合，尤其是说服软的话。不同的场合相同的话也会带来不同的寓意，如果你的能力确实不如别人，这件工作你确实胜任不了，你需要他的帮助，这时候你就需要服软，也许他的学历没有你高，但他的能力比你要强，这时候你就要说："前辈，你的资历比我要深，工作能力比我要强，你帮我指导指导！"可是如果这句话不是在办公场合说的，而是在娱乐场所，或是宴会上，就会让他觉得你是在讽刺，是在挖苦。

所以，说对服软的话也一定要分清场合，不要你自己觉得是在向别人讨教，而在别人看来却是在讽刺挖苦。

2. 要摆正心态

不要觉得向别人说一些服软的话就是在降低自己，所以在说服软的话时一定要摆正自己的心态。

现在的职场越来越多地被年轻人占据，刚刚毕业的大学生初次进入职场总想着大展宏图，觉得自己是大学本科学历，眼里容不下那些没有什么学历只会埋头苦干的人，就因为这些，所以很多刚步入职场的大学生就觉得向那些没有什么学历的公司同事说服软的话是在降低自己。

事实上并非如此，学会说服软的话也是一种能力，只要你自己摆正心态，服软反而会让你受益匪浅！

3. 要注重口吻

我们都知道，不同的话用不同的口吻说出来，就会有不同的寓意。在当今职场上大家都处在相同的竞争环境中，每个人都是敏感而脆弱的，所以我们在向别人说服软的话时一定要注意自己的说话口气。如果你需要一位一直都不如你的人的帮助的时候，你就要用请求的口吻说：“你可以帮帮我吗？”如果你在说这句话的时候用的是一种冷冰冰的口气，那个人就会觉得你是在命令他，而不是在征求他的同意。

所以，不论是在生活中还是在职场上，在说服软的话时一定要注意自己的口吻，不要因为自己小小的疏忽而错失机会！

给他人留足面子，请别心直口快

无心的话语给他人带来的伤害往往是你无法估量的，特别是在某些特别的场合中，更要给他人留足面子，顾及他人的感受。

李琦在学校是高才生，本科毕业后直接升读硕士，毕业以后找到了一份很不错的工作，薪水高，一去就是部门主管，于是他成了本城有名的才俊青年。然而李琦却有一个说话不留心的缺点。

一次午餐的时候，李琦和小赵一起去吃饭，席间说到上海的交通问题，在上海土生土长的李琦便顺口发表评论：“上海这几年交通恶化实在是因为外地来的大学生太多，我认为应该好好严格管理户口制度，二三流大学的家伙就不要再给他们机会了。”小赵自己就是大学毕业从浙江到上海来发展的，听了心里自然不爽，到公司里把李琦这话一学，一些来自外地的同事立刻就觉得李琦太过狂妄，遇到工作上的事情，如果李琦管得严格一点，就成了一种他要整治外地人的信号。其实李琦有口无心，他自己的女友还是从西安来的呢。结果全因自己的无心之言，伤了同事之间的感情。

像李琦这样心直口快的人不在少数，而他们通常会犯的一个通病，就是不懂得用委婉的话来表述自己的想法，导致无意中便伤害了他人的自尊。

说话并不难，难的是把话说得入耳动听，说得巧妙艺术。为人应当言表心声，处世则应当以话为媒。那种心直口快、说话不顾后果的人，即使本身并没有恶意，却往往会在无意中伤害了他人。

慕容是一位优秀的业务能手，平时为人坦诚，身边有不少的朋友，他的客户也觉得这个人很爽朗，愿意与他交往。可是就在一次公司组织的户外活动中，他却因为一时的心直口快而遭到同事们的厌恶。从此，那个亲切能干的慕容也从大家的印象中消失了。

事情的过程是这样的，户外的拓展训练中，有一项团队协作游戏的比赛，慕容受到推举，成了游戏的裁判者。虽然说只是一个游戏，但是任何人也不愿意扯团队的后腿，大家都很努力地完成着自己的任务。A组里有个叫李丽的女孩，身体素质不是特别好，没跑几步就已经是气喘吁吁了。其他的同事都在给她呐喊助威，她也努力地将比赛坚持到最后，虽然她们组因为她而输掉了比赛，但是大家还是给了她热烈的掌声。当裁判慕容做最后总结的时候对大家说："今天的比赛非常好，充分显示出了我们大家的团结，不过我说李丽，你平时就该注意一下运动了，你看你现在胖的那样儿，平时就知道往嘴里塞东西吃，一个女孩子，那么胖像什么样子啊，今天，你们组都是因为你才输掉了比赛。"话音刚落，就见李丽的脸唰地红了，险些哭了出来。于是大家都对慕容说："你就别说了，她已经很努力地完成了比赛了，只不过是一个游戏嘛，只要参与了就好。"慕容摆出一副不以为然的样子说："怎么了？她本来就胖啊，难道还不让说啊，谁让她平时就知道吃。”大家都沉默了，不是因为慕容的话，而是在想慕容怎么会是这样的人，一点儿也不顾及李丽的感受和自尊。

心直口快的人不但容易伤害到他人，而且容易成为被人利用的对象，因为这类人一般都具有“正义倾向”的性格，容易被人鼓动他去揭发某些非法的事情，或者去攻击某人的不公。这样的人总会成为别人鼓动下的牺牲品，成为他人的眼中钉。因此，我们在与人交流时，应该注意从对人、对事方面着手：

1. 对人方面

尽管有些时候，你直言指出他人处世的不当，或者纠正他人性格上的弱点，可能是出于善意，但是，对于一些心胸狭隘的人来说，他们会认为你这是在和他过意不去，故意找茬。因此，尽量不要随着自己的性子去直言他人的弱点，即便要讲出来，也不要大张旗鼓，否则只能是伤人伤己了。

2. 对事方面

在面对某件事情的时候，你在批评其中不当的时候可能是抱着“对事不对人”的态度，但是你不要忘记，事情也是人做出来的，因此你在批评“事儿”的同时，也就等于是批评了人，自然也就会给自己惹来不必要的麻烦。除非你权高位尊，否则你还是尽量地改变一下自己快言快语的习惯吧。

在和人交谈时，切忌把谈话当成一种竞赛，一定要分出个高低。常为某些细节喋喋不休，或纠正他人的错误，借以炫耀自己，这样只会让你给人留下不好的印象。所以，为了与他人有更好的沟通，这种谈话方式必须舍弃，用随性、不具侵略性的谈话，才能使别人更容易接受你，而不至于产生排斥感。

模糊一点又何妨

现实生活中，有很多的事情会在没有思想准备的情况下发生，也有很多的问题会让自己感到左右为难。在这种情况下，如果选择沉默或者拒绝，会给交际双方带来不好的影响，也会让自己在别人心中的印象大打折扣。在这种时候，我们不妨用模糊的语言来作答。

模糊的语言是一种重要的交际手段，同时也体现了一个人随机应变的能力。在一些不必要，或者不可能把话讲得过于清楚的情况下，我们完全可以运用这种表达方式，既可以避免紧张的气氛，又可以让自己得以解脱，同时还不会给别人带来负面的心理影响。

有一艘豪华客轮在即将到达旅游停靠点的时候突然停了下来，原来是客轮的驾驶室里出现了一些问题。游客们在经过几十分钟的等待之后，终于忍不住内心的不满和焦躁，纷纷把矛头指向了导游，质问事先为什么没有做油轮的检查，追问客轮什么时候才能重新起航。面对情绪激动失去理智了的人们，导游却镇定自若，脸上一直带着微笑，心平气和地向大家解释："请大家不要着急，客轮并没有什么大问题，只是出现了一点小毛病而已。技术人员正在做检查，一会儿就修好了。为了大家的安全，请大家耐心地等一会儿，不要走远，更不要站在危险的地方，客轮马上就要起航了。"导游不断地重复着这些话，游客们的心情也就慢慢平静了下来。

导游在回答旅客的质问时，用了一连串的"一会儿"、"马上"等模糊的词语，既避免了游客的情绪再度波动，又因为没有给出确切的答案从而给自己留下了余地。她在安慰声中，并没有给予确切的时间承诺，却用一连串的模糊语言让游客们安静地等待了一个多小时。我们不妨试想一下，如果导游为了安抚游客，盲目地讲“15分钟之后就可以起航了”，而15分钟之后客轮依然停留在原地，那么很可能会激起游客的怒火。在游客的盛怒之下，将自己逼往绝境的导游再做出任何的解释都是没有用的，反而会加重游客们的怨气。那么，我们在社交中，在什么样的情况下使用模糊语言呢？

1. 巧用模糊语言应对请求

在社交中，运用模糊语言应对请求是一种常用的方法。它可以令你巧妙地对对方的请求做出含蓄、灵活的表态，因为不直截了当地表示态度，就避免了与对方的正面交锋。

谈话高手们都知道，说出的话就像泼出去的水，出去就收不回来。为了防止授人以柄，“模糊语言”是给自己留有余地的最好方式。

当别人请求你办事时，他一定是满怀着希望来找你，希望事情能够办成。你满口答应，想真心帮助他，可是不怕一万就怕万一。万一最后因为某些没有预测到的原因，事情没有做好，那么，不仅对方失望，你也会从此失信于人，你的威信和声誉会遭到不应有的损失。最有智慧的做法就是“模糊应对”，不把话说死。这样你才能进退自如，给自己留下一个仔细考虑、慎重决策的退路，不至于陷入被动的境地，也不会影响双方的关系。即使最后真的没有办成事，对方也不会长时间地耿耿于怀。

如果你觉得对于对方的请求能力有限，基本上帮不上什么忙，也别忘了运用模糊语言来应对，因为这样可以安慰对方的情绪。当对方寄予厚望来找你，而你却生硬地拒绝。对方很可能会因此失望或难过，心理上难以平衡，情绪上难以稳定，严重的还会产生偏激的言行，这对于你的人际交往极为不利。假若你不把话说死，对方就会感到事情并不是毫无希望，也许经过努力事情会慢慢好起来，因而情绪上得到了安慰，言行不会过于激烈。

2. 巧用模糊语言化解尴尬

在社交中，模糊语言不仅能够巧妙地应对别人的请求，还能够巧妙地化解尴尬。

女人最讳莫如深的就是自己的年龄，一般情况下，人们不会主动询问女人的年龄，也不会将女人的年龄当作话题来讨论。假如女人自己主动提出年龄的话题，我们该怎么说呢？

电影《勿忘我》中有这样一幕：

有一次，30岁左右的女主人公精心打扮后去参加朋友的生日party。

一个陌生的男子主动邀请她跳舞，她既没有起身跳舞的意思，也没有拒绝这个男子，而是让男子猜她的年龄。

男子对突如其来的问题感到十分为难，年龄说得太大，她一定会不高兴，就不会和他跳舞；说得太小，她一定会觉得虚伪，也不会和他跳舞。

怎么办呢？当然是用模糊语言了！

这个聪明的男子用模糊语言既化解了尴尬，又赢得了芳心。他是怎么说的呢？

他说："你这么年轻美貌，应该减去10岁；但你又这么充满智慧，又应该加上10岁。"

这样的回答，并没有确切地说出女主人公的年龄，却收到了绝佳的效果。

公司中小刘是大家公认的台球高手，只要小刘出手，就不会打败仗。巧的是，总经理也是一个台球迷，很喜欢打台球。

有一天，小刘和总经理在台球室相遇，总经理执意要和小刘切磋一下。几个回合下来，所有的人都能看出来小刘的技术更胜一筹。

总经理却故意问小刘："小刘，你说咱们谁是第一，谁是第二?"

小刘如果说自己是第一，一下子就把总经理得罪了；如果说总经理是第一，不仅贬低了自己，还有拍马屁之嫌。

小刘想了想说："总经理的球技是领导中的第一，我的球技是下属中的第一，咱们都是第一。"

总经理听后满意地笑了。

小刘正是运用模糊语言，巧妙地解除了总经理的难题，化解了尴尬。

点到为止，切忌过于绝对

我们经常会遇见这样的人，他们总是说"一定可以的"、"绝对没问题"……当然这不失为一种自信，应该给予肯定，但是谁又能保证什么事情都能圆满完成呢？俗话说：天有不测风云，人有旦夕祸福。谁都无法预料会遇到什么事，当我们因为某件事情耽误了，没有完成别人交给我们的任务时，又该怎么办呢？

所以说，话，不要说得过于绝对。上面的话，不妨换一种方式说，例如"我尽力而为"、"全力以赴"。那么即使事情没有办成，别人也无法说什么，因为谁都不能否定你已经尽力了。如果事先把话说绝对了，最后又没有完成的话，你在别人心中可能就会留下一个“言而无信”的印象，无疑，这对你的精彩人生来说，是一大失败之处。

有位女孩很幸运，在一家高级珠宝店找到了一份销售珠宝的工作。

一天，珠宝店里来了一位衣衫褴褛的青年人。此人满脸悲愁，双眼紧盯着柜台里的宝石首饰。这时，电话铃响了，女孩去接电话时不小心碰翻了一个碟子，六枚宝石戒指掉在地上。她慌忙拾起其中的五枚，但却怎么也找不到第六枚。此时，她看到那位青年正惶恐地向门口走去，顿时女孩明白了第六枚戒指的去向。

正在青年刚要跨出门口时，女孩叫住他：“对不起，先生！”

青年转过身来，问她有什么事。女孩看着他微红的脸，一声不吭。青年又补问了一句：“什么事？”

女孩这才神色黯淡地说：“先生，这是我的第一份工作。现在找工作很难，是不是？”

青年很紧张地看了女孩一眼，泛红的脸上浮出一丝笑意，回答说：“是的，的确如此。”

女孩说：“如果把我换成你，你在这里会干得不错。”

青年退了回来，把手伸给她：“我可以祝福你吗？”

女孩立即伸出手来迎接他的“祝福”，然后以十分柔和的声音说：“也祝你好运！”宝石戒指就在青年人的手掌上，女孩儿拿到了戒指非常高兴。

在一家著名的企业里，两位职员为竞争一个客户产生了矛盾，其中一位职员对另一位职员说：“从此以后，你走你的阳关道，我走我的独木桥，我们恩断义绝。”而另一位职员却什么也没有说。

戏剧化的一幕出现了，经过一段时间的努力，那位什么话也没有说的职员，成了另一位职员的上司。这样一来，把话说得绝对的职员，意识到自己的处境很尴尬，最后不得不辞职，离开了这家大公司，去了另外一家规模小的公司。

你看，话说绝对了就是这样的后果。

因此，在生活中，即使与人交恶，也要克制自己，不要恶语伤人，更不要说“恩断义绝”这种太过绝对的话，要为以后的彼此相处留下“面子”。

形象地说，话说得过于绝对，就像是往装满水的杯子里倒水，杯子的容量有限，因此，水太多会溢出来；同样，也像是往充满了气的气球里充气，气球会爆炸。所谓“水满则溢，物极必反”说的就是这个道理。

因此，在说话的时候，要考虑周全了再开口，切忌过于绝对。言，但是要有所不言。这样才能在复杂的人际关系中游刃有余，八面玲珑，活出自己的精彩。

若不然，不但日后可能会让自己碰壁，当下就可能被人抓住“把柄”，让自己下不了台。

话说，有一次乾隆皇帝下江南，路过一家商店，店铺的名字是“万家百货”。乾隆很好奇，于是就带着随从，走进这家店铺。

他问老板：“老板，您这万家百货，是什么意思呢？”老板说：“所谓万家百货，就是说，只有你想不到的，没有你买不到的，应有尽有。”乾隆接着问：“老板，我现在需要一把金制的锄头，你这店里有吗？”老板尴尬地站在一边。

乾隆见状就说：“话不能说得太绝对，点到即可，我看你这店名就改为‘百货商店’吧。”老板觉得很在理，于是就更改了店名。

可见，过于绝对的语言，让自己无法自圆其说，而点到为止就不会有这样的尴尬。善于说话的人总是能做到言有不言，所以他们在各种场合都能做到游刃有余。那么，我们怎样才能做到点到为止，不要把话说绝呢？

1. 突出你的诚意

必须怀着一颗体谅的心。虽然说，他在做事时某些方面还不完善，需要改进，但说不定他有难言的苦衷。所以，在点破他时，还要高呼理解万岁，不要只讲结果不讲过程。

2. 用事实说话

你的忠告必须建立在事实真相的基础上，捕风捉影、无中生有只会弄巧成拙。只有在了解事实真相的情况下，才能正确地判断是否有必要提出忠告，忠告该怎样去提，以什么样的角度提，取得的效果比较好。

3. 给对方留有回旋的余地

不能把对方的路堵死，切勿将他批评得一无是处，该隐藏的还是要隐藏，否则很容易引起对方的逆反心理，形成破罐破摔的局势，最终忠告没提成反倒被别人误会存心不良。含蓄指责的同时，不妨加些赞美。所以，在为他人提忠告时千万要谨慎行事，点到为止，留有余地。

因此，漫漫人生路上，不论是正常情况下，还是在气头上，说话时候都要坚持“点到为止，切忌过于绝对”的原则，这样才能给自己留足余地，在坏情况下，让自己有回旋的余地；在好情况下，能因自己所未言的话而赢得精彩。

用委婉的方式表达出自己的想法

在沟通过程中，委婉不但是一种绝妙的语言艺术，也是一种颇有奇效的黏合剂。懂得委婉是聪明人的社交手段，也是一种坦诚开放的沟通方式。所以，学会委婉的表达能让你成为一个懂得语言艺术的社交高手。

委婉的表达侧重于利用对方不易察觉又终会察觉的表述方式，从间接角度切入，曲折委婉地暗示出所要传达的意义，在不致激怒对方、恶化矛盾的情况下，巧妙地改变对方的语言态势，在温情脉脉中，达到人与人之间的语言和情感的有效沟通。

宋代名臣寇准刚刚当上宰相时，曾虚心地向自己的好友张咏请教立身为官之道。

作为至交，张咏当然知道寇准机敏有余而学术不足的特点，但如今寇准位居宰相，直接指明效果不一定好，而且传出去还可能有损寇准的形象，但不予提醒也有违朋友情谊，且于国家大事也很不利。

权衡再三，张咏才慢条斯理地说："公为当朝一代奇才，于家国大事当能应付裕如。公务余暇，倒是可读读《霍光传》。"

寇准还想深问，但老友已不愿多言。

揖别之后，寇准回到相府，想到张咏特别提到《霍光传》，便赶紧找出此书，从头仔细阅读。

当他读到"光不学无术，谙于大理"时，才恍然大悟，自言自语道："此张公谓我矣！"

自此，寇准以汉代大将霍光有能无才、不明事理为鉴，一有空闲即手不释卷，终于成为一代名相。

张咏将"不学无术"这种常人难以接受的批评转化为借书代言的委婉方式，使寇准在愉快的心态中接受了自己的劝诫。

在一次公司的周年庆活动中，上司突然对车严说："你觉得这个酒会办得怎么样?"

这突然的问题让车严有些摸不着头脑，看着喝得烂醉的同事，车严正想把自己的想法说出来，但看到上司的脸，他又有些于心不忍，如果他实话实说了，那是很伤上司自尊心的。

车严的头脑里，他并不喜欢用这样的方式来庆祝公司周年庆，因为这会让他觉得很轻浮。像同事们现在喝得烂醉如泥，绝对不是他想看到的结果。

车严仔细思考了一下，觉得如果直白地向上司表达了自己的见解，上司一定会对自己恨之入骨。所以，车严仔细思考了一下说："像这样的酒会很好，可以促进公司员工的团结。不过我觉得，如果以后公司的周年庆能将品牌效应做得更好就好了。我们可以利用酒会来和客户建立关系，而不是我们自己喝得烂醉。您觉得怎么样?"

上司听后仔细想了想，表示同意。

这样的说话方法能在不经意间流露出自己的看法，让对方听着比较舒服。

在社交时，你不应该冷眼旁观，要时刻将自己的想法当成决策。或许你的说法不见得每一个都能得到别人的认可，但你要知道，只有你将你的想法在不伤害别人的基础上阐述出来，别人才能对你更加放心。

其实，要把话说到别人满意很难，因为每个人都有自尊心，哪怕自尊心在小范围内受到攻击，也是令人难以接受的。

可以想象，如果你直接对陌生人说："你长得太丑了！"对方一定会恨你入骨。因为你的话伤到了对方的自尊心，所以，你的人品很容易受到质疑。如果你能婉转一点，用婉转的语言告诉别人："你长得很好，只是需要再装扮一下。"看，后者听着就很舒服。

有个财主去向穷人讨债，穷人一家饥寒交迫，哪里有钱还债呢？但不还不行，于是他对财主说："欠你的钱，还你的钱，屋后二亩荒草园。种上树，长成材，解成板，打成船，放下河，用千年，船用烂，钉打帘，割刺刺，插路边。刮羊毛，织成毡，卖了钱，还你钱。"

愚蠢的财主只听说"还钱"，但没有理解穷人说的是还钱的方式，便说："只要你还钱就好，反正利上加利。"

说完，就得意扬扬地走了。

这个穷人有自己的生存哲学，他知道对付财主用说情的方法行不通，于是便用委婉、拐弯的方法大谈还钱的步骤和方式。表面看似乎环环相扣，顺理成章，俨然是还钱不难的口气，所以使愚蠢的财主以为不但收债有望，而且必有肥利可图，因而洋洋自得而去。

所以，在沟通的时候，你可以选择将你要说的话拐个弯、委婉地向对方陈述事实。委婉的表达要比口无遮拦直接说更能体现出个人的修养。有时，直言不讳虽然能更加简单明了地告诉别人事实，但给人的冲击力太大，很容易伤到对方自尊心，这时如果你能及时转个弯你就有可能将伤害降低到最小。在说话的时候，委婉而又礼貌，就会显得比较大方得体，让听的人感觉心情舒畅，也比较容易接受。无论在什么场合，委婉的表达方式都是你俘获人心的法宝。委婉含蓄的说话能让大家获得心理上的自尊感，让彼此都能拉近距离。换句话说，委婉含蓄就代表着成熟、稳重。我们国家的语言博大精深，讲究曲径通幽的含蓄美，和其他国家的语言比较起来，我们国家的语言更加曼妙，而智者往往说话都深谙委婉含蓄之道。

第七章

言之有忌，不该说的不要说

我们在人际交往中，一定要记住有些话能说，有些话不能说，自己要有一定的分寸。懂得说话的人，不会口无遮拦，不分场合、不分对象乱说一通，他们可以做到言之有忌；而不懂说话的人，不动脑子，只会信口开河，处处开罪人。这种人祸从口出，言而无忌，让自己的人生暗淡无光。

不要触痛别人的“疮疤”

俗话说：“寸有所长，尺有所短。”是人都有自己的优点和缺点，在与人谈话的过程中，应尽量避免采取揭短的方式来打压对方。比如对方身体有某种缺陷，或有小偷小摸、打架斗殴被行政处罚的前科等，这对他们本身来说就已经是不可磨灭的记忆了，而你再一而再、再而三地提醒他们记得，只会增加他们的心理负担，让他们痛苦不堪。现今社会，人们都在朝着文明的方向发展，这种揭短的行为已经被越来越多的人所鄙视，“打人不打脸，说话不揭短”已经成为人们普遍重视的信条。一个肆意揭露他人之短，以伤害他人为乐的人，只会遭受人们的无情唾弃。

古罗马有一位赫赫有名的英雄，名叫科里奥拉努斯。科里奥拉努斯在战场上立下了赫赫功绩，他的英雄事迹在古罗马口口相传，众人提及他，总是赞不绝口。但是科里奥拉努斯年纪渐长之后，就希望从军界走入政界，过上安稳一点儿的生活。而这时候，进入政界最好的办法就是通过竞选得到最高执政官一职。

竞选开始了，科里奥拉努斯发表了一场令人十分感动的演讲，他从自己身上的无数伤疤开始讲起，向选民讲述了自己在战场上十几年来的诸多艰难经历，几乎所有的人都被科里奥拉努斯的英勇和爱国精神所感动，他们决定投他一票。从当时的情况来看，科里奥拉努斯已基本成功了。

但是，走下演讲台之后，科里奥拉努斯完全变了，在投票日即将到来的时候，他开始在会议厅里诋毁对手，并高傲地宣称凭借自己的赫赫战功，必然会当选无疑，与此同时，科里奥拉努斯毫不避讳地恭维那些贵族，而对平民毫无致谢之意。

选民们在看到他的作为之后，纷纷改投科里奥拉努斯的对手，这直接导致了他的落选。

此时，科里奥拉努斯依然不思悔改，他把所有的责任都推到那些导致他竞选失败的平民身上，发誓要对他们实施报复。机会很快来了，一批物资运抵罗马，元老院开始为是否将这些物资免费发放给平民展开讨论。科里奥拉努斯当然不肯放过这次报复的机会，他用激烈的言辞抗议将物资发放给平民，并建议将平民代表赶出统治层，由贵族全权主导一切。因为他的反对，导致平民免费分得物资的议案未能通过。

消息传出之后，罗马的平民们立刻愤怒了，他们聚集在元老院门前，要求与科里奥拉努斯当面对质，当时科里奥拉努斯傲慢地表示，他是不会和下等人见面的。他的这一举动，引起了人们更大的愤怒，罗马的平民举行了一场声势浩大的暴动，元老院见事态严重，便同意了将物资免费向平民发放的议案，但是人们依然愤怒地要求科里奥拉努斯出来道歉，不然坚决不允许他再次奔赴战场。

科里奥拉努斯迫于无奈，只好走出元老院，压下心中的怒火向平民道歉，开始时他的语气还算温和，但是在受到平民们接二连三的质问之后，他变得暴躁起来，言语越来越无理，最后甚至公然辱骂平民。震怒的平民立刻大声抗议起来，他们要求元老院判处科里奥拉努斯死刑，将他扔下悬崖。最后，经过贵族们大费周折的劝说之后，最终科里奥拉努斯被判处终身放逐。平民们取得了胜利，一场暴动这才得以平息。

总结整个事件，科里奥拉努斯之所以会从一个英雄变成惹人讨厌的公敌，最根本的原因，恐怕就是他太过心胸狭窄了。无论出现什么状况，总是别人的错，他是决计不会错的；别人做了有损他利益的事情，他是一定要报复的。却不知这种态度让他陷入了更加恶劣的处境之中，最终自食其果。

其实，每个人都有忌讳心理，都有自己与人交往所不能提及的“禁区”。这个“禁区”就像人们常说的胖子面前不提肥、“东施”面前不言丑一样，对让他人痛苦的事情应尽量地避而不谈。这不仅是处理人际关系的技巧问题，更是对待朋友的态度问题。懂得说话不揭短的人，也往往懂得尊重他人，对他人尊重就是对自己的尊重，只有这样才能从心理上征服他人。

有一个从小就失去双臂的残疾年轻人，数年如一日地用脚代替手来打理自己的事情，并凭着自己的努力练出用脚指头夹笔写字作画的本领，成为一代画家，而他的画曾获得多次奖项，并被送到国外展出，这无疑让他身体的残缺多少有了些许安慰。

在画展的那几天，一直有媒体对他进行采访。一天，一个记者在采访时无意中问道：“你是靠脚指头成名的，那么对你来说，是脚有用还是手有用?”

这个问题正好戳到了画家的痛处，这让从小就失去双臂的他感到十分恼怒，于是他反问道：“维纳斯雕像是以断臂出名的，你说她是有胳膊美还是没胳膊美?”一句话堵得记者哑口无言，其采访宣告失败。

俗话说：“矮子面前莫说矮。”那些面对着生理上的缺陷或是家庭不幸的人，他们本身就已经很痛苦了，如果你再有意无意地揭别人伤疤，只会让对方感觉更痛苦，所以，人们在碰到这种情况的时候就要加以避讳，尽量注意语言说词，不然只会伤人又伤己。

揭短、戳痛有时是故意的，那是敌视的双方用来互相攻击的武器；有时又是无意的，那是因为一不小心犯了对方的忌讳。有心也好，无意也罢，在待人处世中揭人之短、戳人之痛都会伤害对方的自尊，轻则影响双方的感情，重则导致友谊的破裂。

常言道："金无足赤，人无完人。"生活是复杂多变的，每个人都有缺点，都会犯一些说话上的错误。由于种种原因，在与人交谈或共事时，说话若躲不开别人忌讳的话题，在这种情况下，就要讲究语言技巧，要尽量把话说得委婉、含蓄些，在遣词造句时，不可说出那些带有直接刺激感官的字眼，无论对别人有多么不满，也不能揭别人的"疮疤"，拆别人的台。只有避免触及别人的痛处，平时的小吵小闹才不会让对方记在心里，用这种方式征服对方，才会让你在与人交往中更轻松、更愉快。

闲谈莫论人是非

闲谈是一件轻松的事情，是提高生活情趣的一种方式，不该有所顾忌，否则就违背了闲谈的目的。然而，生活中，闲谈说他人是非的人并非少数，有一句话叫作："谁人背后无人说，谁人背后不说人。"这话虽然说得有些绝对，却也说明了一个道理，那就是大多数人都多多少少地在背后说过别人，只是所说的是好话还是坏话，就无从考证了。不过有一点，经常在背后谈论他人是非的人，肯定不会是受欢迎的人。因为凡是有点儿头脑的人，都会自然而然地这么想："这次你在我面前说别人的是非，下次你就有可能在别人面前说我的坏话。"这样一来，你给别人的印象就不可能好到哪里去。

陈平与李燕是一对非常要好的朋友。一天，她们应邀参加另一个朋友的生日聚会。在宴会大厅里，陈平遇到了一个小学同学，于是热情地上前打招呼，二人很快就聊了起来。谈话过程中，陈平的小学同学提到了李燕，说："我和李燕也是同学，她那个人实在不怎么样，不知道她现在在做什么，不过肯定不会有好的发展，像她那么自私的人，谁会与她交朋友！"听到这里，陈平说："不要在别人背后说三道四，这样是不礼貌的，更何况李燕并非像你所说的那样，她为人很正直，我们已是多年的好朋友了。"说罢转身离开了。小学同学自觉没趣，再也没有与陈平联系。

闲谈是考验一个人品德高尚与否的重要标准之一。一个人如果在闲谈中，总是捕风捉影、搬弄是非，说明这个人的品格不高尚。所以，在与人相处时，一定要注意不要因闲谈用语不当，而损害自身形象。要把好口风，别给自己找麻烦。

莉莉是一个从不在背后说别人坏话的聪明人，她的两个朋友因为一件小事闹得互相之间很不愉快，两个人虽然平时见面还都装着一副无所谓的样子，然而一旦分开，就会对第三者发起"攻击"，将对方的"坏"处添油加醋地讲出来。

身为朋友，莉莉成了她们双方发泄对对方不满的汇集点。莉莉知道她们之间的一切，所以当甲对莉莉说乙的坏话时，莉莉尽可能地保持沉默，在适当的时候加进一两句劝导的话，不对乙做任何评语；当乙对莉莉说甲的坏话时，莉莉也同样不对甲做任何评语，同样在适当的时候对乙劝导几句。同时莉莉还做到一点：所有的话，无论是甲说的还是乙说的，都让它们到这里打住，再不外传。

一段时间过后，当甲乙二人都冷静下来时，回想起在莉莉面前所说的那些话，她们自己都觉得不好意思。由于莉莉处理得当，她们之间的矛盾没有进一步激化，好朋友终究还是好朋友，后来甲乙二人都对莉莉感激不尽，对莉莉更加尊重，并且愿意将所有的心里话对莉莉倾诉。

当你当着对方把第三者说得一无是处的时候，你自己的形象在对方的心目中也同样已经一无是处了。“闲谈莫论人非”，要想成为一个受欢迎的人，就要多说别人的好话，而不是背后说别人的坏话。所谓“病从口入，祸从口出”，其中的道理人人知晓。曾有人将舌头比作一把锋利的剑，杀人于无形中，这个比喻一点也不夸张。一句不负责任的话，很可能造成一场人间悲剧。与人闲谈时，一定要注意自己的言行，别让闲谈害了他人，损了自己。为了使闲谈不产生坏的影响，可以注意以下几点：

1. 不说别人忌讳的话题

在闲谈中尽量回避对方忌讳的话题，用一颗爱心去体谅他人。要知道，任何人被击中痛处，都会受到伤害。所以，在与人交谈过程中，必须管好自己的嘴，不提及他人忌讳的话题。

2. 控制情绪，以免出口伤人

许多人一旦被激怒，理智便消失殆尽，说出一些令他人不能接受的话，等到风平浪静后，回忆自己说出的话，又不禁后悔万分。所以，当自己即将发怒时，首先要控制好嘴，不管说什么样的话，都要本着不伤人的原则。

3. 闲谈不说不着边际的话

双方交谈时，最好不要谈论第三者，即使所谈之事不可避免地涉及第三者，也要掌握好一个度，跟此事密切相关的可以谈，但没有联系的事必须就此打住。更不能当着交谈者的面，用不礼貌的语言评论第三者，或用侮辱性的语言诽谤第三者，这些都触犯了谈话禁忌。别人会对你产生看法，对你提高警惕，不会再与你畅所欲言，担心与第三者遭到同样待遇。

4. 不要嘲笑对方失言的地方

闲谈中，对方的言谈举止有失态的地方，不宜嘲笑，即使要提醒对方保持风度，也要采取适当的手段，给别人留面子。在闲谈中，经常给别人留台阶，才能表现出一个人的君子风度。时间长了，会给人留下宽容豁达、胸襟磊落的好印象。

闲谈中，必须用好大脑管好嘴。闲谈是增进感情、扩大人际交往最有力的工具，不要因一时口误而造成不可挽回的损失。

忘掉“我”，用“我们”将对方变成自己人

在谈话的过程中，如果总是把“我”字放在嘴边，会给人很自私，很狭隘，很没有团队协作精神之感。这样的人不但没有人愿意与之成为朋友，而且企业也不会乐于接受这样的员工。所以，无论与什么人交谈，都不要把“我”字放在嘴边，所谓“说者无意，听者有心”，即使你不是故意的，但是别人还是会觉得很不舒服。

与人交谈时把“我”变成“我们”，与人交往百利而无一害。这是因为把“我”字变成“我们”显得非常谦虚，说出来的话别人很爱听，听了爱听的话自然就会心情舒畅，这样你在与其谈事的时候也就不会有很大的障碍了。

一家大型公司发出招聘信息后，应聘者接踵而至，多达百余人。当时，公司只需聘用两人，于是在一番精挑细选后，从众多应聘者中选中三人，以进行下一轮的角逐。

由该公司高层管理人员组成的招聘小组经商讨后，为这三人出了一道这样的题目：“假设你们三人一起开车去森林探险，结果车子在返回途中抛锚。这时，车内只有四样东西供你们选择，分别为刀、帐篷、水和绳子。请你们按照这些物品对你们自身的重要程度进行选择吧。”

其中的一位男士首先答道：“我选择刀、帐篷、水、绳子。”

负责招聘的高层领导问：“你为什么把刀放在第一位？”

这位男士说：“我不想害人，但防人之心还是要有的。帐篷只能睡两个人，水也只有一瓶，万一有人为了争夺生机，想谋害我怎么办？我把刀拿到手，也好进行自我救助啊。”

其中的一位女士说：“水、帐篷、刀、绳子这四样东西是我们大家都需要的物品。”

“我们大家”这个词引起了招聘负责人的兴趣，他微笑着问这位女士：“说说你的看法。”

女士解释说：“水是生命之源，尽管只够两个人喝，但大家都谦让一点，省着点是可以共同度过危机的；虽然帐篷只够两个人睡，但三个人可以轮流睡；刀也是路上必不可少的；当我们遇到不好走的路时，可以用绳子把大家绑在一起，以防丢失。”

另一位男士的回答与这位女士的回答大致相同。

结果，第一位男士被淘汰出局。

这就是把“我”字挂在嘴边给人们带来的不利影响。一个过分以自我为中心的人，无论做什么事情都喜欢表现自己，什么事都抢着去做，把功劳归在自己的头上，过错却推给别人，这样的人很令人讨厌，没有人愿意与这样的人为伍。

一个肥胖的女孩来到服装店买T恤，可是试了很多件都不满意，自己喜欢的穿不上，能穿上的又不好看，她看着镜子中的自己感到有点自卑，甚至想一走了之不买衣服了。这时候，一个和她身材差不多的导购小姐走过来问：“是不是很难挑到中意的？”

“是啊！”

“像我们这样身材有些胖的人，很难买到合适的衣服，我就经常买不到。”

导购的话一下子说出了女孩的苦恼，女孩点点头说：“就是的，很多衣服我都很喜欢，可是没有大号，我穿不了。”

接着，导购耐心地向女孩传授了一些胖人穿衣服挑衣服的技巧，最后说：“我们店里的衣服款式很多，而且号码齐全，瞧，这件就很适合咱们，你试试看。”

女孩对导购亲切的话语充满了好感，而且对导购的眼光很信赖，试穿之后立即决定买一件。

导购正是用“我们”一词，将自己和顾客从买卖关系变成了面临同样问题的“自己人”，结果，客人当然就对她增加了信任感和好感。

与人交谈时，用“我”和“我们”的差别就在于听者的感受。人们都比较喜欢听“我们”这个词，比如，“这是我们共同的家园”、“这是我们共同的学校”、“这是咱们共同的公司”，说话者的目的就是要用“我们”，将听话者变为自己人，激发听话者的积极性、主动性、自觉性。如果将“我们”换成“我”，听话者心里必然会产生想法，认为你对他不够尊重，同时也会认为你是一个极度自私的人，从而对你提高防范心。

所以，聪明的人无论与谁说话，都会把集体观念摆在心中的首要位置，把“我们”挂在嘴上，让说出去的话发挥出联络感情的作用，这会为你的社交大开绿灯。

对别人的隐私要守口如瓶

什么是隐私？“隐”就是隐蔽，不公开。“私”就是个人的、自己的。可见隐私就是个人的、隐蔽的、不公开的秘密。

隐私，每个人都有。一般情况下，人们都会对自己的隐私守口如瓶，而假如一个人非常信任另一个人，就会把自己的隐私说给对方听。当别人把自己的隐私告诉了你，就是非常信任你的表现，同时也希望你能一直为他保守这个秘密。当然也有这种情况，你无意间知道了别人的隐私。

无论是哪种情况，在说话的时候，都要切忌不可把别人的隐私泄露出去，一定要做到守口如瓶。即使你在与他人交谈的时候，已经无话可说了，也不要拿朋友的隐私当谈资，要谨记言之有忌的原则，宁肯“沉默相对”，也不要泄露朋友的隐私。

因为守住了别人的隐私就是守住了别人对你的信任，也就能守住精彩人生最坚固的堡垒——朋友。但是要守住别人的秘密也不是一件容易的事，当别人把他的隐私告诉你的同时，给予你的不仅是信任，也无形中给了你某种压力。

尤其是别人对这件事强调了很多次以后，就会无形中让你觉得压抑。长时间有话憋着不说，会让人觉得很郁闷，这是考验你耐性的时候了。

一个行为高尚的人，总是能够尊重别人的隐私，对别人的隐私守口如瓶，即使是对自己最亲近的人，也不会透露半句。

而那些行为卑劣的人，他们就会利用别人的隐私，有时候是为了和另一个人套近乎，用别人的秘密去获得另一个人的友谊，殊不知，在公开别人隐私的时候，自己的品德也受到了怀疑。

大华和小京曾经是一对很要好的朋友，他们从小一起长大，可以说对彼此知根知底。后来大华上了大学，小京去了专科学校。两个人有很长一段时间没见面。有一次大华带着自己的女朋友回到家乡，正好小京也回乡了，二人约好一起吃饭。

由于很久没有见面了，两个人兴致很高，喝得有些微醉。喝醉后的小京，一直在说大华小时候的隐私，这让大华很尴尬，但也无可奈何，用眼神示意他不要再说了，但是说得正欢的小京根本没有注意到这一切，还是滔滔不绝。

后来小京还说："当初大华为了追我们班的班花，可谓是受尽了折磨。一次大华远远跟着班花，想送她回家，哪知人家根本不领情，到了家门口，就放狗，班花他们家的那条狗又肥又壮，吓得大华拔腿就跑。狗一直在后面追，眼看就要追上了，大华赶紧爬到了树上，还没爬多高，狗就追上来了，跳起来咬住了大华的裤脚。然后，大华的裤子……哈哈……就被狗咬掉了，但是大华还是一直抱着树干不敢放，过路的人都忍不住大笑，后来一位大爷从旁边经过，用棍子赶走了那只大狗。才帮大华解了围。”

小京一边说，还一边哈哈大笑，弄得大华尴尬极了。毕竟是面对自己的女朋友，这样尴尬的事情实在让大华在面子上过不去。尤其是后来，女朋友总是拿这件事开涮，弄得大华每次都无言以对。心里不停地埋怨小京，以后回乡也不敢再联系小京了。尤其是有外人在场的情况，坚决不约小京，怕小京一不小心又说出自己的隐私，揭自己的老底儿。让自己颜面扫地。

小京说话没有忌讳，揭了大华的“隐私”，结果失去了大华的信任，失去了这个朋友。假如小京言之有忌，就不会出现这种情况。所以说，说话的时候，言而有忌是非常重要的。该说的可以说，不该说的就不要说，甚至一个字也不要提，尤其是在对对方来说很重要的场合，说话更要有所忌讳。

那么怎样守住朋友的隐私呢？有句俗话说：左耳进，右耳出。这句话的意思是，一个人不把别人的话放在心上。虽然大多数时候，这句话是不积极的，是我们应该规避的。但是当别人把他们的隐私透露给我们，或者是把另外一个人的隐私透露给我们的时候，我们就需要让自己达到这样的境界。“左耳进，右耳出”，就不用担心自己会一不小心说漏嘴。其实这是守住别人秘密的最好方式，而这也真正做到了守口如瓶。

当然“左耳进，右耳出”需要一种境界，这种境界，很难达到。要言之有忌，却很容易做到，只要你够理性，就一定知道哪些不能说，也不会说。这样的人，才能赢得朋友的信任，才能享有精彩的人生。否则，不是他背叛朋友，就是朋友背叛他。

切莫口无遮拦，避免刺伤他人

俗话说：说者无心，听者有意。说话口无遮拦的人总是不经意间伤害别人。这样的人心直口快，不顾别人的感受，往往令人讨厌。久而久之，这样的人就会被疏远，不被待见。

对于想要拥有精彩人生的你来说，说话的时候应当以此为鉴，不要落得被人疏远的下场。也就是说，一定要经过大脑思考，在一句话说出口之前，一定要先想想这样说会造成什么样的影响，要言之有忌，切莫口无遮拦，刺伤他人。

三国名将关羽，过五关，斩六将，温酒斩华雄，匹马斩颜良，偏师擒于禁，擂鼓三通斩蔡阳，“百万军中取上将首级，如探囊取物耳”，自以为“威震华夏”、“天下无敌”。刘备自立为汉中王后，封“关、张、赵、马、黄”为“五虎上将”，关羽居首。可关羽听说黄忠也被封为“五虎上将”之一，就大为恼火：“黄忠何等人，敢与吾同列，大丈夫终不与老卒为伍！”

关羽驻守荆州期间，孙权派诸葛瑾到他那里，替孙权的儿子向关羽的女儿求婚：“求结两家之好”，“并力破曹”，这本来是件好事。以婚姻关系维系巩固政治联盟，历史上多有先例。但是，关羽竟勃然大怒：“吾虎女安肯嫁犬子乎？”

不嫁就不嫁，为何如此出口伤人？试想这话传到孙权那里，孙权的面子如何吃得消？又怎能不使双方关系破裂？

关羽的傲慢和目空一切，使他的言语成为利刃，深深刺伤了每一位愿与他交好的人，这也为他的悲剧命运埋下了伏笔，他最终落了个失荆州，走麦城，人头落地的下场。这不能不为我们后人所警醒。

从前有一位樵夫，在山上砍柴的时候，救了一只小熊。母熊知道了这件事情后，对樵夫感激不尽。一天，母熊准备了丰盛的晚宴答谢樵夫，并留下樵夫在家过夜。

第二天早上，樵夫准备离开。母熊问樵夫说："您在这里住得满意吗?"

樵夫口无遮拦地说："你招待得很好，我很满意，唯一让我感觉不舒服的就是，你身上有一股骚臭味儿，整个房间里都能闻到。"

母熊听完后很不开心，但是嘴上却说："为了补偿你，你还是砍我一刀吧，不然我心里过意不去。"

樵夫听完后，就砍了母熊一刀。

很多年后，樵夫去山上砍柴，又和母熊相遇了。樵夫问："你身上的伤好了吗?"

母熊说："身上的伤痕很快就好了，但是心里的伤却永远也好不了。你那次说的话，我一辈子也不会忘记。"

是的，语言上的伤害有时候是最伤人的，也是最难忘记的。樵夫口无遮拦，给母熊心理上造成了极大的伤害，俗话说：恶语伤人六月寒。身上的伤痕能够愈合，但是心里的伤痕却是难以愈合的。因此说话的时候，就要注意切莫口无遮拦，刺伤别人，要言之有忌。要知道，心直口快、言之无忌，会对他人造成伤害，有时候也会招人记恨。这等于无形中给自己树了敌，一直如此，等于把自己陷于孤立状态。如此一来，还怎能立足于社会呢?

沈彤是某国家机关的办公室文员，她平时不爱说话。但是假如别人就某件事情征求她的意见时，她总是无所顾忌，说出来的话总是很伤人，直接捅到别人的痛处。

有一次，部门一位同事买了件新衣服，别人都说好看，很漂亮。可是当问到沈彤时，她却说："要我说嘛，这件衣服本身很漂亮，但是你穿着就不合适了，整个人看上去像个水桶似的，因为你比较胖。而且这个颜色，你穿着也太嫩了。总之一句话，根本就不适合你。"

每次别人问她意见的时候，她都是如此回答，甚至比这更直接，更露骨。让别人觉得很受伤，久而久之，别人也渐渐疏远她了。

这话一出口，原本兴致勃勃的同事表情马上就僵住了，而周围大赞衣服好看的人也很尴尬。因为，沈彤说的话就是大家都不愿说的、得罪人的"老实话"。虽然有时她也很为自己说出的话不招人喜欢而后悔，但她总是忍不住说些让人接受不了的实话。久而久之，同事们把她排除在集体之外，有什么活动也不愿意邀请她参加，她成了这个办公室的"外人"。

可见，要想拥有良好的人际关系，要想享有精彩的人生，不可不知言之有忌的说话原则。

要知道，有的话可以直说，但有的话不能直说；在有的人面前，你可以口无遮拦，但在有的人面前却不能。要是不知道这些忌讳，必然会刺伤别人。生活中有很多不愉快的事情，都是因为口无遮拦引起的。例如，有的人在生气的时候，就会乱发脾气，无论对谁都一样，结果伤害了很多人。所以在话说出口之前，一定要理性地、慎重地思考，如此才能把话说得中听，也才容易获得别人的好感。

狂言不出，麻烦不来

说话口出狂言的人，最容易招惹麻烦。例如，有的人因为自己的一点小成就，就目空一切，口出狂言，而实际上却并没有这样的能力，到最后让自己无法收场。这就是言之无忌，口出狂言给自己带来的麻烦。

所以我们说狂言一出，麻烦也就随之而来。因此，要想少惹麻烦，就要把“说狂言”当作是说话中的一大禁忌，严格要求自己不说狂言。少给自己惹麻烦，自然就为精彩人生做了一定的铺垫。

马峰是公司里的技术能手，在公司很有地位。但是，他智商高，情商低，有些目空一切，不注重营造良好的人际关系，说话很狂妄，在自己的同事面前也总是一副高高在上、颐指气使的架势，对办公室的行政人员更是不屑一顾，到办公室领取办公用品时，他总要显得与众不同。

按照公司的规定，任何员工领取办公用品时，都必须先填表格，可他却偏偏不填表格，反而认为别人是在找他碴，对行政人员恶语相向，说什么“一个打杂的，有什么神气的！”一次，他在领办公用品时，狂妄地对一个同事说：“你有什么神气的？烦着呢，就数你们规矩多！要不是有我这个衣食父母，你们早就失业了！”

马峰的话激起了同事的愤怒，大家纷纷找他，要他给个说法。结果，在老板的劝说下，总算息事宁人了。但是，这件事令行政人员非常伤心，心里对他有说不出的憎恨。不久，老板又将一个很厉害的电脑程序员王哲招进了公司。没多久，王哲在技术上就达到了马峰的水平，在公司取代了他的位置。马峰在公司不再是技术上的唯一高手了，他心里感到非常失落。尤其让他难堪的是，马峰以前奚落过的同事总是当着他的面和王哲开玩笑："王哲，在技术上多照顾我一下啊！你可是咱们的衣食父母……"

后来，马峰发现在公司里几乎没人理睬他了，他觉得很没意思，只好主动辞职。

现实中，人都是有自尊的，如果你确实看不起别人，则放在心里自己知道就行了，而不是将它到处宣扬。人的能力有高有低，但是在人格上总是平等的，任何一个人都没有理由看不起别人。其实，看不起别人，既不能给自己带来什么好处，又容易得罪人，是吃力不讨好的事情，这对自己在交际中非常不利。

NBA 中曾有一个口出狂言，因而惹麻烦上身的故事，人们把这个故事称之为"吻屁股"。

在美职篮（NBA）2002 赛季刚开始不久，姚明新加入了火箭队，有人对他嗤之以鼻，尤其是原 NBA 球星巴克利。有一次，在 TNT 电视台的《NBA 内部秀》的节目上巴克利口出狂言，扬言姚明能在这一年的任何一场常规赛中得到 19 分的话，他就亲吻肯尼·史密斯的屁股。

这句话经过多方面的传播，传到姚明的耳朵里，就成了："如果姚明能得到 19 分，我就亲吻姚明的屁股。"姚明听完后，没有气愤，反而笑着说："那好，我就拿 18 分好了。"

结果在火箭队和湖人队对抗的过程中，姚明一举拿下了 20 分，立即让巴克利傻了眼。而肯尼·史密斯得知了姚明的成绩后，坚持让巴克利履行自己的诺言。

巴克利自己言无所忌，口出狂言，最后，只好硬着头皮去履行自己的诺言，对着镜头吻了驴的屁股。

巴克利也因为这件事情一直被人嘲笑，因而就有了“吻屁股”的故事。对他来说，这无疑是精彩人生中一大败笔。

俗话说，祸从口出，口出狂言轻则会招致麻烦，重则可能招致祸害。在我们生活中也常会遇见这样的人，他们常常口出狂言：“这世界上没有我办不到的事。”但是当别人真正去找他的时候，他却推三阻四。言之无忌讳，爱说大话的人，最后总是会被自己说的话所困扰，也会因此引来麻烦，无疑，这是在给自己的人生平添阻碍。

因此，说话要言之有忌，不要口出狂言，把不可能说成可能，否则很容易为自己惹来麻烦，也很可能因此与精彩的人生失之交臂。

口气要温和，“硬邦邦”的话谁都不愿听

通过谈话的方式传达信息，是日常生活或工作中与他人交流的重要途径之一。我们在传达每个信息时，都有不同的表达方式：强制、请求、命令、建议……哪一种表达方式更让人容易接受呢？为了不给沟通制造障碍，就不能把话说得硬邦邦，要尽量委婉一些。简单地说，就是说话要留余地，让对方更容易接受。

职场中，大多数人都需要通过工作来实现自己的人生价值，并且让自己的生活过得更好。所以在说话的时候一定要注意，不要硬邦邦的，这样不仅仅会让自己陷入孤立，更会断送自己的前程。

李莉在一家大公司里面上班。她是个心直口快的人，所谓的含蓄婉转，她向来不会，所以经常得罪同事。

一次，饮水机没水了，她对同事张斌说："帮个忙换桶水吧，就你闲着。"

张斌一听不高兴了："什么就我闲着？我正在考虑我的策划方案呢！"

李莉碰了一鼻子的灰。

李莉跑到销售部，说："黄经理，你给我把这月的市场调查小结写一下吧！"

黄经理头也没抬，冷冷地说："刚当上管理员，说话就是不一样。"显然黄经理生气了。

李莉想，我也没说什么呀！她顺手拿起打印机旁的一份《客户拜访表》，问："这是谁制的表？"黄经理的助理夺过表格说："你什么意思！"

当天，几个同事在一起聊天，让李莉说一说对公司管理的看法。于是李莉竹筒倒豆子，"噼里啪啦"地一吐为快："我认为目前我们公司的管理非常混乱，有令不行、有禁不止，简直就是一个乡镇企业。"

大家不爱听了，认为李莉话里有话，似乎同事们都是坏人，就她一个人是好人。

一会儿，同事小王问李莉，某件事情可不可以拖一天。因为手头有更重要的事在做。

"有这么做事情的吗？"李莉声色俱厉地说，"你别找理由了，这可是你分内的事，反正又不是给我做，你看着办！"

小王也不甘示弱，说："喂，请注意你的言辞！你以为你是谁呀？我就是没时间！”

李莉气得发抖，自言自语说：“我怎么了？本来就是这么回事嘛。我不过实话实说。”

李莉正在生气的时候，副总走进来对她说：“你知不知道，大家都私下里叫你‘西伯利亚寒流’呢？”

李莉笑了：“为什么呀？”

“因为你说话总是冷冰冰、硬邦邦的，不注意措辞，经常令人难堪。”副总说道。

李莉一下子把头低下了，她认识到自己没有修炼好说话功夫，难怪大家都不喜欢自己。这之前，她还以为是自己工作出众，同事们忌妒自己呢。原来是自己“吃了火药”，说话太冲，杀伤力太大。

在与同事交往的过程中，聪明人从不会把话说得硬邦邦的，更不会说死、说绝，说得自己毫无退路可走。例如：“我永远不会做你搞砸的那些蠢事。”“谁像你那么不开窍，如果是我，几分钟就做完了。”如此种种，谁听了都不会痛快。

在人际沟通中，无论是在职场中还是在生活中，我们都要对别人说好话。说好话的学问可不小。将心比心，每天你都要听到别人对你说的话。什么是好听的话，什么是你不爱听的话？哪些话让你愉悦地接受，哪些话让你怀疑说话者的品位，哪些话令你反感甚至产生抵触情绪？你心里很清楚，你肯定不喜欢那些硬邦邦的言辞。

我们和他人交流时，为了避免自己说话硬邦邦的，可以从以下几个方面努力，并在现实中努力做好。

1. 在说话的过程中，语气要平和

在现代社会中，虽然人的身份地位有所不同，但是人的尊严和人格都是平等的。在跟别人说话的时候，我们既没必要低三下四，也不要盛气凌人。别人对我们的认同或是尊重，靠的是我们人格的魅力，而不是强硬的语气。无论什么时候，我们都要保持心平气和。如果交谈的语气不平和，各种是非就会出来。

2. 在说话的过程中，言语要恰当

不管什么时候都要记住“说者无心，听者有意”。作为一个成熟、得体的职业人，你在与人交谈时必须注意你的措辞。在社交场合，不能用不文明的词语、粗俗的词语，表达自己意思的时候，尽量多用中性词或褒义词。阐述意见或提出批评要委婉地表达，切忌直接否定或嘲讽。注意语言的细节，比如“请你……”就比“你给我……”好得多。

3. 在说话的过程中，语速要适中

过快的语速容易让人产生压迫感、强制感，或是让人不知所云；过慢的语速要么使人着急，要么让人昏昏欲睡。语速适中不但有助于意思的表达和对方的理解，还可以使交流的对方产生舒适感、愉悦感，从而有助于拉近与交谈者之间的心理距离。

4. 在说话的过程中，语调要明朗

很多人不注意说话时的语调，不是音调平平，就是任情绪波动，随心所欲。其实，语调对语言的效果影响非常大。明快的语调和有气无力的语调，哪个更让人容易接受？这当然是显而易见的。语调反映了一个人的性格特点，语调高昂的人一定是自信、开朗的人。

不管什么时候，与对方说话，千万不要硬邦邦的。《圣经·马太福音》有句话：“你希望别人怎样对待你，你就应该怎样对待别人。”如果你这样对待别人，别人也会以这样的方式和你说话。真正有远见的人不仅要在与对方一点一滴的日常交往中为自己积累最大限度的“人缘”，同时也会给对方留有相当大的回旋余地。这不仅是说话的技巧，也是为人处世的技巧。

玩笑不可过度，要适可而止

交谈中开个得体的玩笑，不仅可以让你的话语锦上添花，还能活跃气氛，显示出你的幽默，给对方一个容易打交道的好印象。兰卡斯特大学（Lancaster university）的组织心理学教授卡里·库珀（Cary Cooper）曾说：“懂得在恰当的时候逗一逗乐子，能让人们知道你很坦诚、可爱，不是什么像机器人一样的技术专家。”但是，开玩笑要看准对象，要适度。开玩笑过了度，是不会被人喜欢的。开玩笑过度的人会被习惯性地认定为“刻薄”的人，容易引起他人反感。

某广告公司里的一位员工小张，新婚不久就开始发福，原来纤瘦的身材逐渐胖了起来，或许是因为婚姻有了归属、生活稳定的缘故吧！

有一天，单位一位男同事的妻子，来公司给丈夫送东西，不料与小张相遇了，而小张恰好与她是旧相识，大家聊了一会儿。男同事的妻子突然对小张说：“哎呀，你怎么搞的呀，现在胖成这个样子，脸胖得都看不到眼睛了，再发展可就真的不堪设想啦！”在场所有人听了都大笑起来。

可小张的脸色却顿时沉了下来，没说一句话，转身离开了。等笑她胖的人都走了以后，她再也压不住心中的火气，破口大骂。同事送走妻子回来后，见此情景立即赔不是，场面搞得十分尴尬。后来，小张再也没有与同事的妻子来往。

朋友间开玩笑要讲究个分寸，即使双方关系再好，开玩笑也要注意别太过火，避免恶语伤人的现象出现。有点过但无伤大雅，这样的玩笑还是可以开的，但故事中男同事的妻子与小张开玩笑时的用词，确实太损了些，小张难以接受是情理之中的事儿，与同事的妻子断绝情分也是预料之中的事情。

生活中，因为一个玩笑而造成的悲剧实在是数不胜数，究其根源大多数是因为玩笑开得太过火，造成了恶语伤人的后果。所以，开玩笑要讲究分寸，千万不能给他人造成伤害，损害了双方关系，那才是得不偿失。那么，我们该怎样在开玩笑时，做到适可而止呢？

1. 内容要得体

玩笑的内容代表着开玩笑者的思想高度与修养水平。内容健康的玩笑，让人感觉是一种精神享受。如果玩笑内容不雅，充斥着污言秽语和低级庸俗的语言，不仅污染了语言环境，侮辱了对方，令对方反感，而且也表明了自己的情趣鄙俗，水平低下，甚至会令对方对自己的人品感到怀疑。

在和长辈或者晚辈开玩笑的时候，尤其不能轻佻放肆地大谈男女情事。即使当同辈人之间开这方面玩笑，自己以长辈或晚辈的身份在场时，最好不要插话，若无其事地旁听即可。

2. 态度要得体

开玩笑时要表现出友好的态度，别以为你趁着开玩笑的时机，发泄心中的不满，对别人冷嘲热讽，别人感觉不到。人家可能只是表面上不跟你计较，但是在心里早就觉得你是一个不懂得尊重别人的人，不愿再跟你交往了。

3. 行为要得体

很多时候，开玩笑的同时会伴有肢体动作和行为，这些动作和行为也千万不能过了头。小王和小李是相识很久的老朋友了，然而就是那一次玩笑让两人闹得很不愉快。怎么回事呢？那天，小王和小李在讨论设计方案，一个难题让两人都陷入了冥思苦想之中。突然，小王想出了解决办法，原来所有的困难都是因为小李的疏忽，统计错了一个数字。这时候，小王伸手往小李脑门上一拍，说："你脑子怎么了？"这让小李感到很恼火，认为这是很不礼貌的行为，一下子跟小王翻了脸。

4. 场合要合适

开玩笑要分场合，有些庄重正式的场合不适合开玩笑，千万不要在这时候"抢风头"！面试的时候，不要随便和你的面试官开玩笑，搞不好一句话让你得不到饭碗；开会的时候，不要随便开玩笑，那是给你自已找麻烦；给领导汇报工作的时候，不要随便开玩笑，领导说不定以后不再重用你，认为你是一个不稳重的人……

办公室是一个尤其要注意玩笑尺度的场合。无论你想日后平步青云仕途升迁，还是想默默无闻地与世无争，都要在办公室里学会开玩笑的艺术。另外，不要总是在办公室里开玩笑。时间长了，同事们会觉得你不够庄重，慢慢地变得不尊重你。领导也会觉得你不够成熟，不够踏实，不再对你委以重任。

5. 玩笑要有度

玩笑应该开到什么程度，我们必须心里有数。如果不管三七二十一，更不管对方能否接受的乱开玩笑，也许会惹恼对方，最后乐极生悲。

6. 开玩笑要看对象

同样一个玩笑，可以对甲说，但不一定可以对乙说。开朗大方的人，可能不介意你有些“恶毒”的玩笑。但是，有些内向的人开不起玩笑，你的玩笑很可能会惹来他的怨恨，引起他敏感的琢磨，从而对你的动机产生误会。

同样一个玩笑，在某人高兴的时候说，跟在某人不高兴的时候说，效果可能会是天壤之别。对方心情好的时候，你玩笑过了头，对方可能只是付之一笑；然而，当对方心情不好的时候，你的玩笑稍微一过头，可能就会招来对方的白眼。

和不相熟的异性在一起时，尽量不要开玩笑，即使是正经的玩笑，也可能会引起对方的反感，还可能会引来别人的非议。一般来说，男性对语言的承受能力较强，一般的玩笑话不会导致男性的难堪；女性对语言的承受能力较弱，不得体的玩笑会使女性害羞难堪，甚至“下不来台”。所以，开玩笑时一定要注意男女有别。

第八章

拒绝对了，既不伤自己又不伤和气

拒绝并非简单地说“不”，它是一门艺术，如果能够表现得顺其自然，别人就不会感受到你的无情或冷漠。深语拒绝艺术，实现成功拒绝，就如同给拒绝配备了一件实实在在的防护罩，让对方免于受到伤害，并且给自己留了退路。

学会拒绝，才能减少不必要的麻烦

在日常生活中，的确有很多的人和事是很难拒绝的，譬如说，上司命令你加班，铁哥们求你帮忙走后门，老朋友向你推销东西……很多时候，你明明很想大声说出“不”，但总是因为各种各样的原因，生生地又把这个字咽回去了。

但是，很难拒绝并不意味着你不需要去拒绝，学会拒绝对所有人来说都很重要。一个不知道该怎样拒绝的人是可怜的，同时也是可悲的。不懂得如何拒绝，就往往会被自己之外的人事所拖累，给自己带来麻烦不算，还有可能落得一个吃力不讨好的结果。

在某一年的春节联欢晚会上，曾经演过这样一个小品：一个小员工为了不让人看不起自己，就装作自己特别能干，不管谁求他办事，也不管会遇到多大的困难，他都会全部应允。有一次，他为了帮别人买两张卧铺票，曾经亲自通宵去排队，结果不但害苦了自己，还闹出很多笑话……

演员们的表演或许有所夸张，但生活中的确不乏与小品中类似的人物。有些热心肠、好面子又不善于拒绝别人的人，因为担心拒绝别人会失去人缘或是朋友情谊，于是经常违心地答应别人的要求，结果不仅浪费了大量时间和精力，自己心里也常常觉得不自在。

小马是一个不会拒绝别人的人。一个周末，小马突然接到一个陌生的电话。打电话来的是小马同村的一个老乡，第一次来北京，因为听人说小马在北京发展得不错，就想跟他见个面，吃顿饭。小马完全想不起来这样一个人，担心被骗，本来想拒绝，可是话到了嘴边，他又想："如果真是同村的老乡，人家大老远过来，人生地不熟的，就这样拒绝了，说出去也不好听。还是先答应下来吧，一会儿再打电话回家问问。"于是，小马便和老乡约好了时间、地点，等那边高兴地挂了电话，才赶紧打电话回家打听。

父亲在电话那端告诉他，村里确实有这么一个人，之前一直在外面打工，所以小马并不熟悉。小马当下就松了一口气："幸好没有贸然拒绝！"

本来说好，随便找家餐馆吃饭的，可是到了约定的地方，老乡突然改变主意了："我听村里人说，你一个月能挣一万多块，要不你请我去吃烤鸭吧！我还没吃过呢！他们说，全聚德的烤鸭最有名了，咱们就上那吃吧！"小马一听，心里不乐意了，月薪一万是没错，可是，他刚买了房，每个月都要还房贷，手头的钱其实并不多。全聚德的烤鸭，自己来北京几年了，也没吃过几次。

一看小马犹豫，老乡也有些不高兴了："算了，算了，还是随便找个地方吃吧！"这下，小马又有些不好意思了，心想，没准以后都不会有来往了，好歹是一个村的。于是他一咬牙，带老乡去了全聚德。

本来以为吃完饭就没什么事了，没想到，老乡竟要求去小马家住几天，说刚来，还没找到房子。小马心里叫苦不迭，却还是没办法拒绝，只好把老乡带回了家。老乡这一住就是一个星期，小马吃住全包不算，还得带他买衣服，到处去玩。直到把老乡送走后，小马才算是松了一口气。

实际上，在与人交往的时候，能经常帮助别人当然是好事，因为经常主动去帮助别人的人，也更容易备受大家的欢迎和喜爱。然而，每个人的时间和力量都是有限制的，有的时候，我们更需要集中时间和精力，去做自己应该做和喜欢做的事，那时候，假如不想被其他身外之事打扰，就一定要学会拒绝别人，这样既能节省大量的时间，还能避免很多不必要的麻烦。

譬如，周一你有一个特别重要的谈判，但你的好朋友却希望你周日深夜开车送他去机场，而朋友就住在闹市，他完全可以打车去机场。这时候，你就应该想办法拒绝。假如你碍于情面答应朋友，就会不利于你的睡眠，进而直接不利于你第二天的工作效率。假如因为精神不佳，把谈判弄砸了，你还可能会因此丢了自己喜欢的工作，那时候就后悔莫及了。

因此，别总是因为想要得到别人的接受或赞扬，害怕给别人带来不快，或者担心关系搞砸，就瞻前顾后，犹疑不定，违心地答应对方。在该说“不”的时候，就一定要大胆地说出口，只有这样才能节省有限的时间，做出更多更有意义的事情。

拒绝时，一定要保持尊重的态度

在现实生活中，交谈时拒绝的话说不出口的原因，往往都是因为自己的面子问题。但是还有这样一种人，他们无法拒绝别人的原因，是为了照顾别人的面子。实际上，这样的人是害怕因为自己的拒绝，让对方没面子，会让对方不开心，并影响到互相之间的交情。

被拒绝对任何一个人而言，都不是一件令人愉悦的事情，特别是在众目睽睽之下遭人拒绝，就算周围的人也没认为有什么不妥，然而，对当事人来说，那却是一件特别丢脸的事情。所以，很多“好好先生”“好好小姐”们，为了顾及对方的心情，维持双方友善的关系，放弃了说“不”的权利。在他们眼里，这样做才能显示出对别人的重视。实际上，有时候，必要的拒绝，才能更好地尊重对方。

李然和张雪关系特别好，两人不但是大学同宿舍的同学，而且还在同一家公司的同一个部门一起工作了三年。平时，只要有空，她们两个都会在一起吃饭和逛街，她们成了公司里令人羡慕的一对“姐妹花”。

今年，公司决定从她们部门里挑选一名年轻的员工送到国外去学习深造，李然和张雪都被部门经理推荐上去。经过一系列的考核，张雪脱颖而出，将于一个月后离开北京，前往法国巴黎学设计。李然知道，张雪能获得这个机会，和她平时的努力是分不开的，这一年来，她都一直在利用业余时间学习法语。她能有机会去学习喜欢的设计，李然也由衷地为她感到高兴。

张雪离开前的一个星期，决定在家里办一次聚会，公司的不少同事，还有一些大学时候要好的同学都在邀请之列，李然当然是第一个被邀请的对象。张雪告诉她的时候，李然心里有些犯难，因为聚会那天，李然已经有了重要的安排。她有一场很重要的相亲活动，对方叫萧明，比她大三岁，人长得好，事业有成，还是时尚界的精英，每一个方面都符合她理想对象的标准。为了能给萧明留下一个美好的第一印象，她还狠下心花了半个月的工资为自己买下了一条漂亮的裙子，还恶补了很多时尚界的知识。

李然想拒绝张雪的邀请，可是话到了嘴边，又咽了回去。因为她突然想到，如果自己不参加聚会，张雪可能会觉得自己是因为没能获得去法国学习的机会，心里不满。况且，她们做了这么多年的朋友，如果自己不去捧场，似乎太不给面子了。

再三权衡后，李然答应了张雪的邀约，放弃了期盼已久的约会。因为这个，她挨了老妈一阵臭骂，不得不打电话向萧明解释并道歉，心里很过意不去。

聚会那天，大家都玩得很开心，只有李然除外。她满脑子都是相亲的事："不知道萧明有没有生我的气？不知道他有没有照片上帅？如果今天我去了，我们会不会就顺理成章地交往下去了呢……"

李然的心不在焉和少言寡语让张雪很介意。这段时间，张雪一直都在忙出国的事，李然也没有机会和她提起相亲的事，所以她并不知道李然心里在想什么，只是觉得她似乎很不情愿参加这场聚会。

当李然又一次把酒洒到旁人身上时，张雪终于忍不住了，她不高兴地问道："李然，你什么意思？你是我最好的朋友，可是在我最高兴的时候，你竟然这么不给我面子？你要是对公司派我出国感到不满，为什么第一时间还表现出一副高兴的样子？我怎么一直都没发现，原来你这么虚伪！"李然刚开始听的时候，心里还有一些内疚，可当张雪对她进行了这么严重的"指控"后，她也生气了。她为了这次聚会，放弃了期待已久的约会，最后竟然还要遭到好友的质疑，而且还是在这么多熟悉的人面前。结果没说两句话，两人竟大吵起来，聚会也不欢而散了。这之后，两人的友情也宣告破裂，再也回不到以前那种亲密无间的关系了。

为了显示自己对朋友的“尊重”，李然放弃了自己期待很久的约会，甚至有可能因此错失一份美好的爱情，然而，结果却事与愿违，她的牺牲不但没有换来对方的理解和感动，反而让张雪觉得自己不被尊重，两人之间多年的友情也泡汤了。

假如李然能在一开始的时候，就真诚地告诉张雪，自己无法参加聚会，因为自己有一个特别重要的约会，相信张雪也会为她感到高兴。这样做的话，事情就变得很简单，她们的关系也不会因为李然的拒绝而变得窘迫，相反可能会因为互相的关心和体谅而变得更为亲密。

有的时候，在与人谈话的过程中，遇到某些请求和托付时，尽管你选择了接受，却有可能会因为不情愿而产生抱怨以及一些消极的情绪。假如对方明显地觉察到了你的不愉快，也一定会对你产生看法，因为有的时候，这样的不高兴甚至比一开始就拒绝更让人无法接受。因此，有时候必要的拒绝也是对他人的一种尊重，对于自己无法做到，或是不乐意去做的事情，最好可以及时适当地把“不”字大声说出来。

循序渐进，让对方自然接受

在拒绝别人的时候，要使用诱引拒绝法，拒绝者一定要采取主动的态度。就一般情况来讲，人们进行日常交往的时候，往往是采取问答的方式，身处主动位置的一般是提问者，他要一直居于不败之地，只能一直处于主动的地位。

历史上有一个这样的故事，说的是颜斶在拜见齐宣王的时候，齐宣王骄傲地对他说："颜斶，过来吧。"居高临下的气势让颜斶极其不满，当下就下决心要对齐宣王的无礼给予回击，所以，他也用同样无礼的口气说道："大王，过来吧。"齐宣王顿时大怒，刚要发作的时候，随侍左右的人立刻悄声对颜斶说道："君尊臣卑，你这样不识礼仪，莫非要以下犯上不成？"颜斶解释道："你的话尽管听起来很有道理，但是，如果我遵从大王的吩咐走上前去，那不过是敬重大王的威仪；而大王假如听从我的话走到我这边来，世人都会称赞大王虚怀若谷、礼贤下士。你认为，是让世人认为我是一个趋炎附势的小人好呢，还是让世人认为大王是一个礼贤下士的君王好呢？"这番话把齐宣王说得哑口无言，不得不饶恕了颜斶的不敬之罪。颜斶这种行为，正如行走在悬崖峭壁之上，一不留神就会粉身碎骨。假如颜斶没有这样的果断和机智，绝不可能使齐宣王转怒为喜。

当臣下拒绝君王，下属拒绝领导，后辈拒绝前辈的无礼要求时，都可以使用这样的言辞，因势导利，巧妙地达到自己的目的。意思相同的话，用不同的方式和语气说出来，效果就会截然不同。上上之选无疑是适时使用诱引拒绝的方法，迫使对方先开口。

张林与陈景立本是知交好友，两人谈妥由张林出钱，利用陈景立的人脉合作做一笔生意。哪知张林刚把钱交给陈景立没几天，一场车祸夺去了陈景立的生命。张林马上陷入了进退维谷的境地，如果不把钱要回来，自己就会白白损失钱财；如果开口讨要，又会让陈景立的家人觉得自己无情无义。于是张林在大力协助陈景立的家人处理完他的后事之后，诚挚地对陈景立的妻子说："陈景立这么快就离开了我们，真的让我很难过，咱们的合作不应该因为他的离开而放弃。反正你也认识那些人，就由你代替他好不好？反正作为朋友，我有照顾他的亲人的责任，跑腿之类的力气活你尽管开口，咱们把这个合作继续下去吧。”陈景立的妻子觉得张林没有因丈夫的离开而对他家疏远，反而处处为他家着想，心里的感激难以言喻。事实上陈景立的妻子没有那个能力和心思把合作继续下去，张林心里如何不明白？话说到这种地步，陈景立的妻子感动地说：“陈景立真没白交你这个朋友。只是如今我也没了做生意的心思，我把钱先还给你，以后有机会咱们再合作吧。”

假如你是一个容易冲动的人的话，你就要在心里告诉自己：凡事要三思而后行。最主要的是在和别人的交往中，如果因为自己的感情用事而冲动做出决定的话，往往会让你后悔莫及。这样的话，一点也不利于人际交往。当你在做任何决定的时候都要多想一想，从其他方面想想，看看能不能找到更好的办法，尽量让自己不感情用事，不冲动。那么，怎么才能让对方掉入拒绝的陷阱呢？

1. 巧妙诱导

在什么地方开口，在什么时候展开，在什么时候深入，在什么时候下结论，都一定要在心里做好计划才行，要把自己想要达到的目的天衣无缝地插入“谈话”的话题中，并且做到有的放矢。

2. 态度诚恳

在与他人沟通的时候，一定要具备平和诚恳的态度，如果你用一副居高临下的姿态去教导别人，不仅无法达到“诱导”的效果，还会得到相反的结果，甚至激怒别人。因此，要使别人顺从你的意见，只有擅长“诱导”，你的思路才可能会影响别人，你的拒绝才不会让别人发怒，从而实现自己的目的。

逐客令要有人情味

“有朋自远方来，不亦乐乎”，能与好友相聚在一起，谈天说地，品茗对弈，交流思想，也确实是人生的一大乐事。宋朝词人张孝祥在与友人彻夜长谈后，就忍不住发出了“谁知对床语，胜读十年书”的感叹。

但是，每个人都会有想要孤独一人的时候，都需要拥有自己的私人空间，都有不喜欢被他人打扰的时候。这时，假如有人前来打扰，而这人碰巧是你的好朋友，甚至是患难之交，你想下逐客令，却又害怕伤了彼此之间的感情，应该怎么办呢？

李维近来就经常被这样的情形所困扰。郭子安是李维中学时代的好朋友，两个人交往有十多年了，关系一直都非常好。郭子安没上过大学，可是他人很能干，自己开了一家服装加工厂，李维在大学时候经常受他的接济，所以，李维心里也一直把他当成恩人来看待。

李维年底的时候有一个晋升的机会，只要能通过考试，李维就能升任部门经理，工资也会上涨很多。这段时间刚完成了一个新的项目，上司让李维先把手头的工作放一放，安心准备考试。李维花钱在培训学校报了个班，打算利用周末的时间好好学习，争取能抓住这个机会。

这天晚上，李维正在上课，口袋里的手机突然响了起来。李维小声地接起来，是郭子安打来的。郭子安说他在酒吧，有些醉了，和妻子吵架了，不想回家，让李维去接他，想去李维那住两天。挂了电话，李维只好抱歉地向老师请了假，直奔酒吧。

郭子安在李维这一住就住了半个多月，也不提回家的事。李维每天下班回家，郭子安都会拉着他絮絮叨叨地说自己的婚姻，说自己创业的艰辛，说自己的抱负。以前李维很爱听他讲这些，每次与他交谈都能悟出很多道理。可是眼下，李维有更重要的事情要做，时间对自己来说很宝贵，他觉得自己非常需要安静的环境来认真学习。

郭子安喜欢看球赛，每次在客厅看电视的时候，都会把声音开得很大。每到这时候，李维就很想上前劝他先回家去。可是一想到十多年的交情，想到郭子安曾经对自己的帮助，李维又开不了口了。无奈之下，李维只好告诉郭子安，最近公司接了个项目，自己是负责人，有些忙，每天都要加班。结果，李维只能每晚一个人在办公室里备考。

有时候，当你需要时间和空间静心做事，却总有些不请自来的“好聊”分子来扰乱你的安排时，这时候，相信你的内心确实会烦恼不已。面对朋友，又不好拉下脸来，但如果经常这样委屈自己“舍命陪君子”，你的时间就会被这样无情地浪费掉。遇到这样的情况，该怎么办呢?

最好的对付方法就是：运用高超的语言技巧，将“逐客令”说得美妙动听，既不挫伤朋友的自尊心，又能让他理解到你的难处，知趣地离开。

1. 以婉代直

你可以用婉言柔语来提醒、暗示滔滔不绝的人，让他察觉到你并没有多余的时间来与他闲聊。比如，你可以这么跟前来谈话的好友说："今晚我有空，咱们可以畅谈一番，不过明天我就开始全力以赴地写职评小结了，争取这次能评上优秀教师。"这句话既能满足朋友当下的心理需要，又传递了这样的信息：请你明天不要再来打搅我。比起冷酷无情地直接拒绝，这种方法更容易让对方接受。

2. 以疏代堵

喜欢闲聊的人，大多是想用嚼舌来消磨时间，对于这样的人，你可以改用疏导法，支持他有计划地去完成一些事情，这样一来，他就无暇光顾你这里了。

小罗的邻居李伯伯今年快六十了，从单位退休后成天没事可做，总喜欢和小罗聊天，每天都要来找他下两盘棋，否则夜里都睡不好觉。老人家很敏感，只要小罗稍微表现出一点的不耐烦，他就会很伤心。小罗只好顺着他，可是这么下去也不是办法。有一天，小罗上网的时候，看见市里近期要举办一个书法大赛，于是计上心来。

这天，李伯伯上门来和小罗下棋，小罗便趁机跟他说了这件事。"李伯伯，您写得一手好字，这么多年的功底，不去参加大赛太可惜啦！"小罗恭维道。李伯伯大笑着说："还真不是吹的，我可是练了几十年啦！不过，好久没静下心来好好写啦，人老了就不中用啦！"小罗一看有戏，便继续说道："没事，这离比赛还有一个多月呢！您好好练练，肯定没问题！"李伯伯一听也来了兴致，于是在小罗的帮助下报了名。

从此以后，李伯伯每天都会在家里练字，来找小罗的时间显著下降了，小罗也暗暗松了一口气。再后来，李伯伯在比赛中拿到了第二名，认识了很多朋友，还组建了一个老年人的书法俱乐部。这么一来，李伯伯每天都有干不完的事，小罗再也不必担心被打扰了。

3. 以热代冷

逐客不必非得要态度生硬，冷言冷语，你完全可以用热情的语言和周到的招待来让好聊者觉得不自在，让他以后不好意思来串门。事实上，过分的热情与冷待没什么区别，这就是生活的辩证法。但以热代冷，既不失礼节，又能实现“逐客”的目的，效果当然很好，这一点是不言自明的。

4. 以攻代守

以攻代守，即用主动出击的姿态堵住闲聊者的登门拜访之路。你可以先想一下对方一般会选择什么时间来你家，接着，他来访前一刻钟“杀”人他家。这样的话，你就从主人变成了客人，他则从客人变成了主人。这样的话，你也就控制了交谈时间的主动权。你去的次数多了，他就会被你“黏”在自己家里，原本打算去你家的习惯也会慢慢改变。过了一段时间后，他很可能就不会再继续“重蹈覆辙”了。

合情合理的拒绝，不会伤害到友谊

实际上，生活有的时候并不是我们想得那么复杂，碰到事情的时候无须刻意去想自己到底是该接受还是应该拒绝。你也无须事先把很多事情计划好，你为人处世的时候应该遵从自己的内心，而不是刻意去伪装自己，只想着向别人展示自己美好的一面而苦了自己。当我们一定要拒绝别人的时候，不要去想着找各种借口掩饰自己真实的想法，更无须试图向对方百般解释自己为何要拒绝。因为你选择拒绝绝对是有理由的，假如没有理由你就不会做出这样的选择，而会接受。譬如说，在与亲朋好友、同事领导相处的过程中，你很多时候会选择接受他们的要求，那是在你能力范围内的，为身边的人办事，解决他们的烦恼，会让自己产生很强烈的成就感，会觉得自己对别人很有价值，救人于危难，这是你对心中善念的坚持，这样你会变得越来越有价值，被帮助者也会受益匪浅，这样就保护了所有人的利益。

在该拒绝时却要接受，在该接受时却要拒绝，做这种违背自己心愿的选择是非常痛苦的心理感受，没有什么要比背叛自己内心更令人痛苦的事情了。一个真正敢于拒绝的人是应该让你敬重的，他做事是按照自己的心愿，无须掩饰，无须伪装。这样的人非常真实，非常正直的，他不造作，你可以看到他的内心，因为他的心、言、行都是一致的。这样的人，值得你去信赖，如果你有困难，他又有能力去帮助你，就一定会接受你的求助。反之，当需要拒绝时，他也会合情合理地加以拒绝。实际上，你也应该成为一个这样的人。

假设生活中出现这样一个情况：你的朋友一天突然给你打电话："亲爱的贝琪，你可得帮帮我呀！我的脚扭伤了，医生说我一个多月都不能行动，我实在不想靠着拐杖走路，你能为我开车吗，这段日子每天接送我。"

一种情况：贝琪接受了朋友的请求，"我非常乐意帮你"，朋友之间互相帮忙，理所当然，贝琪这么认为，就算自己大小事务缠身，还是得先帮朋友走出困境。

之后的一个多月里，贝琪在朋友和工作之间两头跑，疲惫不堪，但是朋友却并不满意她的帮助，因为贝琪总是迟到，朋友觉得她不讲信用，不守时。因为照顾朋友，贝琪的工作也受到了影响，老板觉得她怠慢工作，很不满意，因为精力有限，贝琪一下子揽这么多事情，每一件都不能做好。于是，贝琪的生活因为一个勉为其难的“接受”变得杂乱无章，焦头烂额，身心俱疲。

另一种情况：贝琪拒绝了朋友的求助，坚定地给出拒绝的答复。

贝琪：你的脚扭伤，我很难过，同时我也很开心，在需要帮助的时候你第一个想到了我，每天接送你，和你一起出行是件很开心的事情，但是这次我真的帮不了你。

朋友：为什么呢？

贝琪：是这样的，我这边事情太多了，实在排不出时间帮你忙了。我知道你的情况特殊，确实需要帮助，但是希望你谅解，我真的是没时间。

朋友：可是，我们不是好朋友吗？你忘记了吗？朋友不就是要互助互爱的吗？

贝琪：很高兴你这样说，我们都把彼此当成最好的朋友，正是因为珍惜我们之间的友谊，所以我才要对你诚实，让你知道我的现状和我心里真实的想法。如果可以，我一定会帮忙，但是这次真的不行。

朋友：你是在撒谎，贝琪，你只想着自己的事情，根本不关心我这个朋友！

贝琪：我那样讲，你确实很容易误会，但不是你想的那样。

朋友：你讲的话，让人听着确实不舒服，因为自己忙就丢下需要帮助的朋友不管，确实很无情啊！

贝琪：你多想了，不是因为不在乎你而拒绝你的请求，实在是因为之前已经答应了别人，这是信用问题。所以，我现在没有时间去帮你了。

朋友：难道我的脚还没有别人那些小事重要吗？别人都是什么事情，能比我这个事情要紧？

贝琪：你会这么想，很正常，谁都希望别人把他放在很重要的位置。你冷静一下，听我说，我们现在不要浪费时间争吵这些，现在问题的关键是我们要找到人来照顾你，我们一起来想想办法，两个人的智慧一定可以想出两全其美的解决方法。你觉得呢？

朋友：你说得好像有些道理，好吧，就这么办吧，我们一起来想办法吧。

贝琪：我们绝对可以找到别的合适的人或者想到别的恰当的解决方法。你再认真想想看，我也好好想想，我们团结一致，一定可以解决这个事情，你别再难过了，我会一直牵挂你的，好好照顾自己。和你说话非常愉快，然而，我还有些别的事情，暂时不能陪你接着聊了，再见。

试想一下，假如你就是贝琪，她的朋友就是你的朋友，朋友有求于你的时候，如果你可以像贝琪那样和朋友坦诚相见，如实说清楚自己的情况，并请求朋友的理解，相信你的拒绝不会使得朋友很难过，很生气，而且你也会清楚地认识到这一点，什么时候该拒绝朋友的要求，什么时候该接受朋友的要求，这样你的心中就会有一个清晰的界线，就会恰当、合理地加以拒绝，在坚定自己立场的同时，也坚守了你们的友谊，创建了和谐的社交关系。

先认同后拒绝，不让对方难堪

先认同后拒绝是日常谈话中，有很多人喜欢运用的拒绝方式。譬如说，在会议上有一位领导请下属积极发言，假如下属的提议他觉得很不妥，他会这样说："嗯，不错，你这个提议很不错，可是目前我们无法采取实际行动。""好，你的想法特别有创意，以后我们可以再进行深入研究"……这位上司在处理他不愿意采纳的下属意见时，就运用了先认同后拒绝的肯定式回答，这样的拒绝先可以给对方的想法以称赞和认同的态度，接着再用含有"目前不适合"或"需要再研究"意思的话语来加以拒绝，并且让对方感觉到有被采纳的希望。从事销售行业的人员很喜欢运用这种方式，当受到客户拒绝的时候，他们就会用这种方式，并得到对方的认可和接受。

一个推销员去一家高级设备科推销厂里生产的新产品，他首先找到了相关主管进行游说。他走到办公室，一边亮出自己的相关证件，一边很有礼貌地说："您好，先生，耽误您一小会儿，和您谈谈工作上的事儿。"

这位主管看了他一眼后，清楚对方是来推销的，于是很不乐意很不耐烦地回答："谢谢你，我们需要什么都会去相关商店购买的。"看出对方在拒绝自己，这位推销员马上接话："是的，是的，您是可以去商店买，但是，我们这款新产品，商店里买不到，他们也不了解这款产品的性能，我这次打扰您，就是希望当面和您讲解一下，您可以先试用一下，假如能够提高您的工作效率，我们就开始准备大规模生产，同时也欢迎您在试用后提供宝贵的意见。您有时间可以先看看我们的产品说明。”推销员说着立刻把说明书递给这位主管，主管听着听着也就有些心动了，转头快速看了一眼，满腹狐疑地说道：“王婆卖瓜自卖自夸，你们宣传时当然会说自己的产品多么多么好，但却未必是真的。”

推销员见主管仍然拒绝，于是赶紧解释道：“您说得没错，现在很多厂家都是这样做的，在广告中夸大自己产品的功效或者直接宣传虚假信息，最后失去了客户的信任，因此，这次我出来，我们领导再三嘱咐，向客户介绍产品的时候，绝对要实事求是，一定不能夸大说谎，假如一次作假，以后我们厂的声誉就会受到影响，这对我们是有百害而无一利的。”推销员认真负责的态度最终打动了这位主管，他感兴趣地问：“你真的可以保证质量吗？”

推销员看到这位主管心动了，马上接话道：“这是我们厂刚推出的新产品，客户可以在试用之后再付款，质量有保证，您不妨试试？”就这样，在这位推销员一再地先肯定并再次否定的游说下，产品就这样推销出去了。

我们可以看到，上面这个推销员和主管的整个谈话中，推销员对主管的任何话语都是先给予积极的肯定，让对方感到备受尊重，心理上得到安慰，于是后面他的游说就变得容易许多，为后面介绍自己的产品赢得了机会，经过几番的游说，营销成功。这种肯定拒绝，就像吃药前先吃糖，让你从感觉上淡化药的苦味，比较容易吃下去。

生活中，我们会遇到一些请求，有的是无理纠缠，面对这种情况，我们要坚决、直接地拒绝，而有的则是合理请求，如果受到力所不及或其他条件的限制，我们在拒绝前要给对方心理上的安慰，精神上的满足，减少对方遭拒的失望感和不愉快。在这时，先认同后拒绝的方式就显得很有必要。

张华的父亲要去山东出差，张华想跟着去玩几天，就向班主任请假。班主任听了他的理由后，没有直接拒绝，只是笑着对他说："旅游好，人家说'读万卷书不如行万里路'，出门旅行能开阔视野，增长见识，丰富你的知识面，不错的想法！"见老师一直称赞自己的想法，张华高兴地说："这么说您是同意了！"老师叹口气说："好是好，不过你这一来一去要花好几天的时间，会耽误很多功课，对你的学习影响太大了！"老师沉默了一会儿又说："张华啊，你的想法不错，可以在假期实现，现在放下学习请假去玩，老师觉得不太合适，你说呢？"张华听了老师的话，明白了老师拒绝了他的请假，但是并没有很失望，因为老师至少赞扬了他的想法。

一天晚上，小李的表姐要出国留学，全家计划好为她送行，这时小李接到了同学的邀请，约她今晚一起去看周杰伦的演唱会。同学一番好意，但是自己实在去不了，于是小李就对同学说："周杰伦的演唱会啊，我超喜欢他，真的非常感谢你的邀请，不过很遗憾，今天我表姐要出国留学，我们全家都提前说好了给她送行，看来只能等下次了，真遗憾。"听到小李确实有很重要的事情，同学于是很理解地说："没关系，你表姐这一走还不知道多久才能见到呢，我可以约其他朋友去，回头把现场录音、照片带给你看，弥补你的遗憾！"在这个故事中，也体现出了先肯定后拒绝的效果。

你可以发现，这种先肯定后拒绝的拒绝方式，有它特有的句式，比如："你的看法还是对的，不过……""我也是这么想的，问题是……""你的想法很不错，只是……"等等，一旦你听到诸如此类的话语，就应该主动有个心理准备——要被拒绝了，这样在被拒绝时就不会感到突然和不知所措。反之，你主动去拒绝别人，也会给别人一个做好心理准备的机会，便于接受被拒绝的实情。

其实，在与他人谈话中，你可以不急着拒绝而是顺着对方的思路将错就错，直到得出错误的结论，此时，对方自然会主动放弃，你也就避免了亲口拒绝的为难，也防止了对方被你拒绝后的难堪。可以说，这种将错就错的否定也是先肯定后拒绝的一种表现形式。

战国时期，政治家甘罗天资聪颖，从小就是一个会出主意的人。当时，他的爷爷是秦朝宰相。

一天，甘罗看到爷爷愁眉不展，在后花园边走边唉声叹气。于是，甘罗走上前，关心地问爷爷："爷爷，您有什么烦心事儿吗？怎么看您坐立不安、眉头紧锁啊！"

爷爷叹口气答道："孙儿啊，爷爷这次真是遇到大难题了，大王听信谗言，非要找公鸡蛋吃，说吃了公鸡下的蛋有益健康。大王命全朝文武百官马上去找，限期三天，三天后找不到，一并受罚。"

甘罗听后又惊又气："这也太为难人了，公鸡怎么会下蛋，根本不可能找到嘛！"不过，这没有难倒他。他灵机一动，办法来了。他笑着对爷爷说："爷爷您不用担心了，也别发愁，这事儿交给我吧，只要您同意明天让孙儿替您上朝。"

爷爷实在没办法，索性同意了甘罗的请求。于是，第二天早朝，甘罗去了。他淡定自若地走进宫殿，很得体地向大王施礼。大王见一个小娃娃来到了朝堂，先是惊讶，然后生气地说："小孩子怎能来上朝，这不是胡闹吗？你爷爷人呢？”

甘罗年纪虽小，但有勇有谋，他并没有被大王的威严所震慑，而是不慌不忙地回答大王：“大王您先别生气，我爷爷不是不想来上朝，而是他实在来不了啊，他在家生孩子呢，怕大王生气，才托我前来禀明。”

听了甘罗的话，大王也顾不上自己的形象，当着众臣的面大笑起来，边笑边说：“你这小孩儿，实在有趣，你爷爷是男人，怎么会生孩子呢？”

甘罗看到大王上钩了，于是趁机说：“原来大王你也知道男人是无法生孩子的，既然如此，公鸡又怎么可能下蛋呢？”听了甘罗的话，大王面带羞色，哑口无言。

小甘罗就这么将错就错，先顺着大王的思路走下去，直到得出“男人可以生孩子”的荒谬结论，大王认识这样的荒谬结果，知道自己错了，只好放弃。小甘罗从头到尾没有直指大王的错误，而是在与大王的巧妙对答中，让大王自己认识自己的错误，这样既维护了大王的尊严，也拯救了爷爷和众臣。

无论哪种拒绝方式都需要技巧，善运用先肯定后拒绝的方式也要讲究技巧，一定要态度诚恳，让对方体会到你对他的尊重和理解，与此同时，语气要放松，不要急躁，不然的话，对方会认为你根本没有经过思考就草率地拒绝，这是对他的轻视和伤害，最后也许因为误会让双方和谐关系遭到损害。除此之外，有些请求合情合理，你更需要慎重考虑，然后再做决定，就算最后实在没有办法了，也要给予对方一些安慰，还可以诚恳提供别的建议给对方参考参考，让对方不再那么失望。

低声细语说重话，让对方有压迫感

在日常生活中，总有这样一种人，他们会陷入一些事情中无法自拔，所以屡次向别人诉说和求助，此后又依然如故。碰到这种人，好言相劝、委婉点拨、诚心打动等，都没有任何效果。在这样的情况下，你可以“低声细语说重话”，即用温和的态度，用轻柔的语调直言不讳，真正刺痛他的心。在拒绝对方再次求助的同时也要让他悔悟过来，给他一个反省的机会。

不少女性朋友们都很喜欢听电台情感类节目，很多人都遇到过主持人“轻声细语说重话”的时候。

有一次，一位女士往一个情感在线工作室打了一个电话，向主持人诉说自己不幸的情感经历，还没有等对方说完话，主持人就突然打断了她的倾诉，并温柔地告诉对方：“我们节目的时间是有限制的，暂时只能让你说到这里，道理都和你说过了，你自己好好想想吧。”所以利落地挂断了电话，并接听了下一位观众的致电。

又有一次，一位主持人对听众说：“多余的话我不和你讲了，你自顾自地回忆你的不幸，我的话你一句也没听进去。他对你的残忍是你对他纵容的结果，你该自己好好反省一下。”

主持人拒绝耐心劝导听众，这种现象有很多。如果当时的你听了这话，可能也会感觉不爽，觉得那些倾诉者多半是感情不幸，本来就难过，听了主持人的话应该会更不舒服。如果换个角度来看，主持人这么做自有自己的道理。主持人之所以不留余地地拒绝那些听众无休止的痛苦倾诉，是因为看清了这些人的现状——被各自痛苦的经历所困扰，沉沦其中无法自拔，听不进去任何委婉的劝说，所以这些人需要“当头一棒”，要直接沉重地敲醒沉迷于痛苦之中的他们。主持人的话语轻柔，但是严厉沉重，这种“轻声细语说重话”的拒绝方式用在这里非常合适。

还有一次，一位求助者向一位节目主持人打来电话。开始时，主持人很耐心地劝解他，但是这位求助者根本一句都没有听进去，隔几天又打来电话，倾诉同一个问题。原来，这位求助者沉迷色情无法自拔，他妻子发现后对他很失望，每次他打来求助电话都会对主持人说自己非常后悔，对妻子感到非常抱歉，但是，之后他还是会犯同样的错，沉迷于色情。

一段时间过后，这位求助者又打来电话，因为他这次行事被妻子逮个正着。他对主持人说：“我觉得这不是我的错，如果她能满足我，我也不至于会走到这步田地，她除了会指责我，盯着我缺点不放外，根本看不到我好的地方，我注定要永远让她失望了。”

主持人听完他的絮叨后，失望地告诉他：“好了，请不要再找我了，你这些话已经反反复复说过很多遍了，关于这个问题，我早和你分析过，并给出了建议，但是你根本不听。我就是太有耐心了，每次你打来电话重复同样的烦恼，我一直耐心开导，可你并没有认真对待我的意见，你自己不反省，还把责任推到妻子身上，你根本没意识到你自己的缺点——爱撒谎、爱欺骗，爱指责别人！现在你停下你的诉苦，脑子里什么都不要想，清楚地听听我对你的看法：听了你的诉说，我看到你就是一个自卑落魄、无可救药的人，再这样下去，你就如同行尸走肉，彻底废掉。为此，我真心替你感到担心和惶恐！”主持人见对方没有插话，于是接着说：“如果你还想拯救自己，那么请把我的警告当作良言，否则，你最后将一无所有。这么长时间，我们节目倾听你的诉苦，耐心地给予你意见，但是你的状况仍不见好转，可见你根本在无视我们对你的宽恕和理解，更在侮辱我们的耐心，如果你再执迷不悟，那不好意思，我们以后将拒绝你的求助。”

主持人酣畅淋漓的一顿批评没想到真的见效了，对方被她严厉的话语训得服服贴贴，乖乖地接受了她的警言，不再执迷不悟，痛改前非之后拯救了自己。

很多时候，人们都觉得话说重了很可能会伤害对方的感情，尤其是在别人向你求助的时候，本来对方有难处，很烦恼，你再重话拒绝，这样往往会显得很无情、冷漠、刻薄。其实，事不尽然，你要视情况而定。就像上面故事中的那些求助者，他们显然已经沉迷于一件事情，无法自拔，委婉温和的语言根本无法唤醒他们，这时你就需要“轻声细语说重话”。当你语调柔和、语速和缓地讲话时，对方会觉得你是善意的，是经过理性思考后在对其说话，给其建议，你的言辞严厉、犀利、沉重，句句直击要害，让他感到心灵疼痛，头脑变得清醒，开始清楚地看到自己的问题所在，并积极配合解决问题。这就是“轻声细语说重话”的效果，实践也证明了这点。在很多情感节目中，那些执迷不悟的求助者们在听了主持人的严词拒绝和深刻警示后，都表现出了积极接受的态度，并对主持人的“痛斥”、警言表示感谢。

如果想用重话来拒绝别人，一定要在条件允许的时候，不然的话，你的直接和严厉会伤害对方的感情。在可以用重话拒绝的时候，坚决要使用合适的语气、语调，这就是用重话拒绝的前提——轻声细语，特别是当你身在公共社交场合时，你的言行举止所代表的不只是你自己，还有你背后的单位和团体，因此，更要注意说话的语气和语调。假如此时碰到不合理的请求，你无须激动，立场一定要坚定，态度一定要坚决。譬如说，在外交场合拒绝的话，外交官一定要冷静对待，千万不能激动鲁莽，他一方面要代表国家做出重大决定，另一方面还要与别国搞好关系，让所有在场的人从他的温和中感受到他理性坚定的态度。曾经有一位外交官这样说："人的骨头要硬，心要软。"这句话的意思就是说，需要用一种淡定平和的态度来表达坚定的立场和办事的原则，运用到日常谈话中，便是做到该拒绝时就拒绝，在说话态度上表现出温和的感觉，轻声细语地表达出来。

需要强调的是，假如你想用重话去拒绝一个人的时候，除了要注意语气、语调的妥当外，还要肯定对方是一个"愿意挨骂""挨得住骂"的人，唯有如此，你的拒绝才可能会触动他的内心。不然的话，还没等你把话完全说出来，对方就会离去，这会造成双方的不痛快。

再熟悉的人，也要用"不"保护自己

人活一世，总会碰到一些为难的事情，往往有些同窗好友、同事朋友，相处的时间久了，自然有求于彼此，假如你可以办到的话，应尽最大的努力去办好，假如朋友提出的某些过分要求，并非你个人力所能及的，就导致了要拒绝他人的问题。假如一口气拒绝别人，尤其是亲戚朋友的一些要求，其中的确是有一些是不近人情的，所以，在处理这类问题时，你一般都会感到很棘手，不知道该怎样开口拒绝，明知道一些事情无法办到，可又怕伤及朋友之间的情谊。

因此，当需要做“不”的决定时，你经常会变得犹豫不决；当需要大声地说出“不”的时候，却沉默不语。对家人和朋友更是很难开口说“不”，为了让他们满意而满足他们的所有请求，最后，让自己琐事缠身，很少有属于自己的时间，学习、工作、生活整个都是乱糟糟的。

很多人都在抱怨生活中有很多的尴尬和无奈，造成这种尴尬和无奈的原因，更多的是因为你不是很擅长拒绝别人，不习惯说那个最难说出口的字：“不”。

秦桑并不是心理咨询师，可是在她身边，总有各种各样的朋友喜欢把自己的“隐私”说给她听。秦桑总是耐心地听着对方诉说，时不时还会因为对方的不幸遭遇而落下几滴眼泪。长期处于各种负面情绪困扰的秦桑终于承受不住这份压力了。

朋友之间的谈话，不外乎最近都有些什么活动和见闻之类的话题。而秦桑却成了公认的被倾诉者。一旦哪位好姐妹在感情上遭遇了挫折，她们都会把秦桑约出来，整整一个下午都哭诉自己的不幸。其实，她们都知道，秦桑并不能帮她们解决所有的问题，只是她们需要倾诉，需要把负面情绪释放出来。

如果说谈话的内容正常一点也就罢了，可是每每随着话题的深入，秦桑就会逐渐发现一些自己没有办法控制的事情。就在前几天，小李还在向她说怀疑自己的老公在外面有外遇，而红红整天都向秦桑抱怨公司的待遇不好，董晴则是哭哭啼啼地告诉秦桑她又和男朋友分手了。秦桑从早晨一睁眼，就开始被别人这些杂七杂八的事情困扰着，以至于自己在工作的时候都无法把心思用在正常事务之上。

每次谈话结束之后，秦桑的朋友们全都像是获得了新生一般，她们的痛苦和委屈确实得到了发泄。而对于秦桑来说，本来好好的一个周末下午，却被无缘无故地笼罩上一层阴云。

有时候秦桑也不得不感叹，“知心姐姐”可真不容易当啊！而她还没有意识到自己其实已经处于危机之中了。

随着时间的流逝，姐妹们曾经对秦桑说过的话对她产生了潜移默化的影响。每次见到上司时，她总会想起红红说的那些话；见到董晴的前男友，秦桑的心中则会事先树起一条警戒线。最近，秦桑不但在工作上频繁失误，而且连家庭关系都开始变得紧张。直到有一天秦桑才恍然大悟，原来自己的正常生活已经完全被打乱了。

秦桑并没有觉察到，自己在倾听别人的诉说时，诸多的负面、消极情绪已逐渐渗透到了她的生活之中。到头来，她不但无法帮朋友们解决实际问题，还让自身陷进了悲观情绪的影响之中。此时的秦桑，已经成为他人无节制的倾诉对象。

如何避免你自己也变成“秦桑”呢？那就要学会对熟人让自己做的那些既浪费时间又没有实际作用的事情说“不”。学会说“不”、懂得说“不”是一门重要的艺术，是作为“社会人”应具有的一项重要能力。你需要学会用“不”的智慧保护自己，用“不”的力量说服别人，用“不”的方法正确决策，用“不”的秘诀改变人生。

有人可能会说，朋友之间，有人有了困难，应该伸出援手给予帮助。帮朋友的忙本是无可厚非的，然而，要分清帮什么忙，并非所有的忙都能帮，也并非所有的忙都应该去帮。要请朋友明白，你有自己要做的事情，有自己要坚守的底线。别因为朋友恳求的眼神，鼓动的语气，就抛弃了自己的初衷，就转变了自己的想法。勉强地答应别人也许会让你琐事缠身，焦头烂额，以至于筋疲力尽，后悔不迭。

因此，别在需要说“不”的时候，就犹豫不决，就沉默寡言，就理亏脸红。必须要说得理直气壮，坦坦荡荡，自信满满。诚信交友，进退有度，坚守自己心里的原则和底线，明确自己的思想和立场。

实际上，当你的能力有限，无法给予别人帮助的时候，一定不要勉强自己，你应该毫不犹豫地学会说“不”，学会拒绝对方。说“不”并非是不近人情，也不是自私冷酷。只需要你真诚地说出你的苦衷和你的原则，就一定可以得到朋友的谅解，获得对方的尊重。所以，从现在起，请试着对别人说“不”吧！大声地说出来：“我不乐意，我不愿意，我不！”